0-6歲
親子旅遊全攻略

把拖油瓶
養成～
小旅伴

陳彧馨——文．攝影

個體、兩代、三方的共同學習和成長

—— 旅遊大使暨金鐘獎最佳主持人 **溫士凱（Danny Wen）**

　　我必須承認，平常我幾乎不太看網路上親子旅行的相關性文章或影片。特別是太多的訊息「真實性」、「消費性」、「教育性」和「社會責任性」讓我存疑？然而，多年來唯一讓我持續追蹤和認同的，就只有目前旅居新加坡的或馨了！

　　我和或馨兩夫妻是知根知底的十年舊識好友。他們的行事作風新潮中帶傳統，因此在多了小朋友「多多」後，在生活上確實多了許多的變化和斷、捨、離。

　　不過，也因為他們自己的國際生活經驗豐富且個人風格十足，有了小孩後，可以更清楚的感受到國際視野、獨立個性、傳承文化核心，這三者交疊而成的新世代教養環境，對於生活、文化、教育，以及學習成長上的重要性。而且，不單是在下一代小朋友的身上，而是個體、兩代、三方的共同學習和成長。

　　我特別喜歡或馨的這段文字：「身為人母，我希望哪天我們不在，他仍然可以獨立堅強、在人生路上勇敢前行，為自己喜歡的人肩負風雨。所以從開始就希望他勇敢、獨立、具備好奇心。這恰恰也是一個合格旅

伴的條件。」她把宇宙的中心不應該只是在自己身上這件事，用簡單明瞭的方式闡述得非常貼切。更把教育、思維、人文哲學、國際觀等那些經常讓人搞不懂的大道理，用媽媽的關懷、擔心和溫暖，輕鬆地寫明白，讓我的嘴角不自主的開心上揚！

我喜歡看「多多」的成長故事，我更喜歡看或馨兩夫婦在生活中面臨各種疑難雜症的相互學習和解決。最重要的是，不刻意、不宣教、不畏改變，永遠用最真實和真摯的態度面對和呈現。

我喜歡或馨的新書《把拖油瓶養成小旅伴》，也誠心地推薦給所有的朋友們。

推薦語

　　在作者還是自由自在單身時認識彼此，當時 Choyce 總帶著孩子世界旅行，在頂客族眼中應該是很不可思議的吧？（還記得十四年前倡議「Choyce 體驗式教養」，被許多不婚不生小孩的人指責為自私呢！）

　　直到多多出生到現在五歲多這本書問世，十二歲與十四歲的孩子們正飛往美國留學，瀟灑轉身不猶豫，勇敢接受各種挑戰。

　　從多多呱呱落地起，Choyce 就一直觀察著他長大。或馨從孩子出生開始，就準備好面對他獨立飛翔的那一天，因為，多多是從幼小就打破舒適圈，懂得照顧自己體貼他人的旅行者呀！

──旅遊親子作家 Choyce

　　同為單身就愛旅行的媽咪，看完或馨這本書特別有感。她不僅提到親子旅遊，也同時鼓勵每位母親，可以努力創造出跟孩子旅遊的樂趣，並跟著孩子在旅途中成長。孩子生命的豐盛，往往來自於母親的勇於嘗試，真心推薦此書。

──公主背包客、澳洲人妻日誌粉絲團團長 Una

　　超級榮幸可以拜讀 Jas 的這本書，因為我和囧爸一個臺灣人，一個荷蘭人，公婆常住法國，這五年我們旅居新加坡，也必須常常帶著兩歲的囧哥和兩個月大的囧弟在臺灣、 歐洲、 東南亞間往返．Jas 這本書根本就是實戰級的教戰手冊！把每個不同年齡的孩子在旅遊時吃、喝、拉、撒、睡、玩，會遇到的問題和注意事項都給了超實用的建議！因為學齡前的孩子真的是每一年的身心靈狀況都很不一樣；從只有生理需求

的可愛肉球，漸漸到貓狗嫌的兩三歲，到時時挑戰父母極限的半獸人。雖然目前囧哥囧弟在旅行上都還算是報恩型的天使，但因為他們每隔一陣子的能力和需求都很不一樣，每一次要出國前在做準備時我其實都很慌呀！

看完 Jas 這本完全是用生命換來的經驗實戰書，讓我之後要帶著兩個混血小王子到處飛時更有信心，甚至還可以避掉一些地雷區和錯誤決定，也更知道怎麼讓我的兩位小王子也成為我的完美小旅伴！愛旅行或常常需要旅行的把拔馬麻們～ 這一本可以當工具書也可以當親子旅遊景點介紹書的好物，真的很值得收藏呦！

——混血小王子的日常粉絲團唯一女主角 **囧媽**

很多時候親子旅行帶給我們的無形收穫，已遠遠超過我們付出的體力、辛勞與實質的花費，它之所以美好從不在於風景有多美、享受有多高檔，而是陪著孩子去感受世界、認識世界、擁抱世界的那些時刻，謝謝彧馨身體力行的讓我們看到更多親子旅行的可能。

——資深蒙特梭利幼兒園園長 **何翩翩**

這是一本真正的親子旅遊書，分享了一家人多年不同形式的旅程。許多人嚮往有了小孩仍可不放棄自己在世界各國體驗生活的可能。透過 Jas 實際的故事，會發現這完全可以實現。在書中，讀者可以親自感受親子旅行的點滴，並在彼此學習中留下此生中美好的回憶。

——旅遊作家、廣播節目主持人 **快樂雲**

※ 依首字筆劃排序

目　錄

Part3 旅行地圖～與小旅伴的吉光片羽

注意：全書 BOX 旅遊景點門票、時間、食宿費用等僅供參考，實際資訊請以官網公告為準。

寫給還不想完全放掉自我的爸媽

　　話說在先，我不算是一個好媽媽，這本書，恐怕也不是一本指導任何人成為一個好媽媽的書，如果您要找尋一本以孩子為出發點的親子教養書，大概要失望了。之所以寫這本書，起因於有一次與朋友出門遛小孩，四歲的兒子錢多多玩累了，跑來要媽媽抱著走時被我拒絕，我那已經累癱的媽媽朋友一臉感激涕零地看著我。

　　「還好妳拒絕了」她說：「不然我兒子一定也要我抱，我都做好抱他的準備了。」而那位爸爸在旁邊大點其頭。

　　雖然沒有特別表現出來，但當時心裡非常震撼。原來這個年代，當父母的壓力值居然可以升這麼高！

　　為此，我想為天下初做父母、壓力巨大的朋友們寫一本書。一本跟教育關聯不太大、最主要是對孩子好，也要對自己好；愛孩子，更要愛自己的書。

　　我不是一名母親專業戶，畢竟本人只不過在超過高齡產婦標準幾年後才終於有了一個孩子。在此之前，我和旅遊，特別是自助旅行，幾乎可以說是共生了二十年，因此對於旅遊的知識和掌握能力，可能大大超越

我做為母親的能力。因為熱愛旅遊，難以想像有一天必須要在還有力氣走動之前放棄旅行。然而孩子是人生最甜蜜的負擔，我由衷希望這個與己緊緊相連的新生命，也能愛我所愛，與遠行和平共處。

這本書，就是為了讓自己不必放棄興趣，去找尋各種方法，讓帶孩子出遊不是一件麻煩事的結晶。書裡概要地提到怎麼培育我的孩子——現年五歲的多多君，從行李變伴旅的經驗。書中囊括了我和多多五年來大約二十多次旅行中發生的一些微小光亮，和總會發生的各種災難。

如果一定要定位，這勉強可以算是一本親子旅遊書吧？其中摻雜一些旅遊指南和注意事項，還有一點溫暖情感，適合初為父母的新手爸媽、喜歡旅行卻不知道怎麼帶孩子一起出遊的人。希望內文多少能幫助您培養孩子喜歡上您的嗜好，就算失敗，也能讓孩子更了解您，如果成功，就可收穫一枚小夥伴！更重要的是，您永遠都不知道，您的孩子可以在這過程中得到什麼樣的技能與快樂！

寓教於樂，現在就開始！

多多君的行腳紀錄

PART
1

旅行準備

旅行性格養成

　　看著柔軟的新生命揮舞著小手小腳，滿含依賴地貼懷裡，抱著胸，大口大口地吮吸。做為被依賴的人，心中也會充滿柔軟和溫暖，覺得自己就是這個小東西的唯一和不可替代。孩子出生後的前三個月，我就在這種氛圍下安靜地在臺灣娘家陪著孩子，覺得歲月靜好。

　　然而那時是我們夫妻和朋友夫婦預定好的旅行時間。計畫去普羅旺斯，再開車前往巴塞隆納，前後大約兩星期。因為早在孕前就已預定，

不可退換，若不去只能認賠。那麼，能不能帶三個月大的小小孩一起去呢？我對於旅行很拿手，但畢竟只是新手媽媽，帶嬰兒做跨洲旅行難免有「帶炸彈出門」的恐懼。又因娘家父母不願意小外孫給無良爹娘帶出國「折磨」，最後決定扔下多多君，自己出發。

一路上擔心已經多年沒有照顧幼兒的外公外婆究竟行不行？三個月的多多會不會發現媽媽不在身邊而大哭？奶喝得多不多？覺睡得夠不夠？會不會半夜吵老人家起來？另一方面自駕旅行靈活度高，其實很適合帶幼子一起，朋友夫婦又是很渴望孩子的人，沿路問怎麼不帶著孩子一起來？外加為了不要斷母乳，每日都要找時間擠乳等事由，一路上，多多君一直處於話題中心。家裡還時不時傳來幾張孩子照片，倍增思念。因而不由地想：為什麼不帶多多君出門呢？我在擔心什麼呢？特別是回來後多多小子已經拒絕母乳，更有得不償失之感。所以起心動念，覺得應該開始讓孩子能夠適應旅行。

▶ 旅行性格 1：不怕陌生人

不過一開始倒不是真的以旅行性格為前提來培養多多君。

本來一直盼望的是香香軟軟的女兒，但老天送來的孩子卻是個小子。何況大齡生子，這孩子極有可能沒有其他手足，將要面對孤單的成長，並在我們年老時身負重擔，在我們逝去後獨自承受悲傷。身為人母，我希望哪天我們不在，他仍然可以獨立堅強、在人生路上勇敢前行，為自

己喜歡的人肩負風雨。所以從開始就希望**他勇敢、獨立、具備好奇心。**這恰恰也是一個合格旅伴的條件。當然，勇敢、獨立、好奇心都是人格特質，很大部分取決於孩子本身氣質，但至少可以把孩子訓練成不要一沒看見媽媽就哭、碰到陌生人上來說兩句就躲、跌倒了不能自己爬起來、看見新事物掉頭就走的小孩子。

　　雖然我沒養兒的經驗，但是總看過很多小孩。我自己比較害怕的是一見到生人就哭鬧、沒有看見媽媽也哭鬧的嬰兒。就不精確的觀察來看，雖然不是全部，但大部分怕生的嬰兒都不是在大家庭出生，生活中固定見到的人很有限。或是因為爸媽忙碌交給保母帶，等回到爸媽身邊時就不願意離開爸媽懷抱。於是我想，讓孩子多接觸新的人事物是可能的解套之法。

1. 自小在各種膚色的叔叔阿姨包圍下長大的多多，更大一些後，甚至自己發展出撩大人的技能，簡直小油條一枚。（多多在舊金山午後的 lounge「撩人」）

我很幸運，可以專心做母親，但因工作關係，我們暫居新加坡，親人都不在身邊。家裡成員只有三人，比一般忙碌的臺灣家庭生活圈還要窄小。為了讓多多從小就能感受自己是大家族的一分子，也為了讓長輩可以常常看到孫子，從四個月大開始，我固定每兩個月飛回臺灣一次，好讓多多適應環境轉換，同時也多和親戚朋友接觸，這也剛好讓多多從小就習慣跟著媽媽當空中飛人。

但是，在新加坡的時間畢竟更長，為了不要讓孩子成天只能跟著媽媽兩個人在家互相大眼瞪小眼，我更盡力排各種約會。多多在時常見到不同人的環境下，逐漸習慣來自陌生人的逗弄喜愛，而且因為外子的同事各國人種都有，多多也從小就習慣各種膚色的叔叔阿姨。

▶ 旅行性格 2：在「任何地方」都可以午睡

培養不怕生的過程，說起來很容易，但其實沒有那麼簡單。

首先是母親情懷。即使耐性不佳，我也希望孩子跟自己最親。雖然這樣的聯想毫無根據，不過電影迷的我記得《空中監獄》裡殺人魔的一句話：「心理有問題的不是小時候母親抱得太多，就是抱得太少。」（真奇妙，我幾乎不看育兒書，卻記得電影裡非常不重要的一句話）。我希望孩子能不排斥外人的擁抱，又希望孩子要特別喜愛自己的擁抱。矛盾非常。於是一面覺得不能太過寵多多，一面又想要找出一個專屬於孩子與自己的儀式。最後的解決之道是在午睡這個點上找到平衡。

　　最開始的念頭是希望孩子能清楚午間小歇和夜晚長睡的不同，再來也是因為自己很享受抱孩子的樂趣。所以從多多三個月大開始，午睡時間幾乎都是趴在我身上睡著。年紀小睡眠時間長，等他熟睡，我也抱夠了，就會把孩子放上小床繼續睡。大一點只睡一兩個小時的午覺，我有時就抱著他看電視、讀書、滑手機（不瞞您說，最後還發展出同時抱小孩吃飯、寫作的技能），直到他睡醒。就這樣，孩子非常喜歡在我身上入睡，身為母親的虛榮獲得滿足。同時也就能好好鼓勵多多親近親朋好友這件事。

　　這個能讓孩子在身上好好睡覺的技能同時帶來其他好處。一個是能保持爸媽原有的社交活動；一個是養成孩子在「任何地方」都可以午睡的習慣。

2. 習慣抱著媽媽睡的多多，旅行中作息可以維持最大程度的不被干擾（後來也可以被爸爸抱著睡）（京都）。

3. 多多抱睡方便找和
朋友約會（拉朵蕾甜
品店，巴黎）。

　　一般來說，帶小小孩和朋友約會的最大障礙分為兩點：小孩怕生，再來就是午睡問題。多多自小就持續不斷地和外人接觸，怕生這點在他身上沒有發現過。事實上這小子兩歲大時就自己吵來了獨自在我們朋友家過夜的權力。我想這多少出於天性，但應該也和後天的養成有點關聯。

　　作息才是另外一個對大部分爸媽比較麻煩的考量。未滿一歲半的孩子通常白天需要小歇兩次，更大一些的孩子需要的睡眠量降低，但午睡也很難避免。我和其他媽媽朋友出遊時，時常碰到的問題是，約的時間只能是早上，午飯前後就要帶孩子回家睡覺。或是乾脆約下午五點以後，孩子睡飽起來的時間。對於同樣有孩子的家庭來說，這種相約模式大家都能接受，但如果和沒有孩子的朋友相約，就難免侷限。老實說這多少也是小家庭很難繼續與單身朋友保持親密往來的原因之一。

　　多多在五個月大時已經可以陪著我出席各種朋友聚會，聚會中我除了自己抱著他，也儘量讓他待在想抱他的朋友懷中。這個階段嬰兒揹巾是

4-1. 在 showboat 上自己找到可親的小哥哥就
立馬撲上去,完全是多多會做的事(田納西)。
4-2. 順便撩到大叔一枚(田納西)。

母親的好幫手,因為環抱性強,對嬰兒的安全感大,小孩容易入睡,媽
媽的雙手也可以自由。我的寫作吃飯抱小孩一樣不落的技能養成,很大
部分要歸功於此。

　　我們在多多已經能認人的八個月大時帶著他去巴里島,就已經能充
分發揮出訓練的效果。他非但不害怕熱情的島民(巴里島人對白白胖
胖的嬰兒完全沒有招架能力),甚至在長達四十分鐘的按摩時間裡,
當我們在盡情享受按摩時,多多君非常自在地被一眾熱情的工作人員
輪流抱著玩和拍照,一點也不哭鬧(我們在他視線範圍內)。等到多
多一歲一個月自覺已經走路很穩,開始偷懶不太愛走路的時候,小傢

伙還會因為媽媽希望他練習走路、不肯抱他，而乾脆跑去找百貨公司的專櫃小姐，抬頭伸出雙手高聲喊「抱」。以至於我反而開始思索這傢伙會不會太不怕生？

截至目前為止，多多已經五歲，不怕生以外，也仍然可以在我身上入睡。不用說，這當然對於旅行的便利有很大幫助。

5-1. 在東福寺遇到一群女生圍著多多（京都）。

5-2. 咦？

5-3. 又是拍照……

5-4. 女生的男伴們也來參一腳。

不要忘了另一半的角色

　　孩子的成長父母都不可以缺席。在育兒這件事上，假設另一半參與較少，請務必敦促。

　　多多君在生命的前四個月很少見到「實體」的爸爸，這是因為我在孩子滿四個月前都在臺灣娘家休養生息，爸爸只能每月當一次空中飛人飛來探望，平時只能夠通過通訊軟體過過眼癮。因此返回新加坡後，對於嬌小幼弱的小嬰兒，身為爸爸的那位完全沒辦法，只覺得抱起來怕摔、換個尿布怕漏、餵個奶怕燙到小嘴，諸事不行，看到多多就退避三舍。

　　本來，身為全職母親，也已經習慣自己照顧嬰兒，有沒有爸爸幫手，對我是無所謂的事。但慢慢發現不行，參與度不足也會讓做為父親的那位錯失孩子的每一分進步。於是，我規定這位仁兄，幫小孩洗澡就是你的責任。

▶ 指定任務才會讓對方正視自己職責

　　和許多媽媽朋友聊過，在與另一半相處時家事分工很常見，但照顧小孩的分工就很少看到。主因是另一半時常工作忙碌無法固定時間幫忙。

但純就自己的經驗來說，指定任務才會讓對方正視自己職責，從習慣進而開始主動參與養育嬰兒，並從中得到樂趣。如果實在太忙，至少也要有一週達成一任務的基本頻率，與孩子共度有品質的時光。

結果就是，在小孩滿二歲前，洗澡時間可以說是我們家父子倆的黃金時段。而多多爸也確實開始大幅提高參與育嬰的大小事務，在家裡也會開心分享「今天多多做了什麼新鮮事？」能讀懂多多小動作的人不再只有媽媽。這雖然看起來不像大事，但卻得到了很大的好處。一來旅行時有確實有用的幫手可以幫忙帶嬰兒。再來，日後發生幾次我必須獨自出國或返回臺灣的狀況，在有托兒所可日托的情況下，先生可以完全不假外力，自己帶孩子。

1. 巨型嬰兒車的職責就交給爸爸了。
2. 這是完全只有爸爸能做的事情。

▶ 獎懲同步

當進步到這一階段，獎懲同步就會成為另一個重點。

小孩犯錯沒必要以藤條教訓，何況懲罰對萬事不知的小嬰兒也沒有半點用處。但滿周歲的幼兒已經能聽懂父母的意思，這個時候做錯事，可以先教導，若屢教不改，才施以小懲罰。更大點比較懂事，可以談判了，就不必一定以體罰為手段。或許罰站，或許罰不能吃點心。總之必須讓小孩知道父母認真生氣了，而且有「被處罰了」的感覺。更重要的是「令出必行」和「前後一致」，千萬不要當放羊的孩子，那會讓小孩把約束當成馬耳東風；或是相同的事情得到的處罰卻因為父母的心情而大有出入，小孩也會無所適從，處罰也就毫無用處。

平時的教導作足，在旅行時出狀況的機會就越低。這當然不可能完全避免小朋友不惹麻煩，但確實在進入叛逆心態嚴重的半獸人（三到四歲）階段時，給予我們很大的幫助。最有趣的是，現在不管是爸爸或是媽媽處罰，多多哭鬧完會自己找責罰他的人抱抱，表示「我們和好了還是很愛對方」。實在很有趣。

3-1. 嘿,別暴走!

3-2. 算了,乾脆直接「抱走」。

小小孩在旅行中會碰上的
「食衣住行大」挑戰

　　帶小孩出門除了怕小孩哭鬧不聽話，最令人擔心的就是出門在外，事事不便。其實旅行就是非日常，父母要先做好自我心理建設，吃得稍微沒有自家做的營養、起臥沒有家中那麼自在，都不叫委屈，而是體驗。當然，能做的事先準備，還是要先完備。

▶ 食：0-6 歲的飲食建議

一到六個月：以母乳、奶粉為主

　　這個年紀的小朋友嬌軟可愛吸睛，身輕如燕好攜帶，出門旅行最方便。一來還不會認人，吃飽喝足就不太會哭鬧。只要身體健康，我很推薦這段時期帶小寶寶出門旅行，讓夫妻享受一段「似是而非」的兩人世界，是完全不同的另種甜蜜。

　　這個年紀的嬰兒主食仍然是奶。如果是親餵母奶，基本上沒有什麼好擔心，哺乳巾備好，世界任妳遊。如果是配方奶寶寶，就稍微麻煩一點，奶瓶、奶粉都要帶齊。奶瓶媽媽們最擔心的是奶粉不夠或是沒有地方消毒奶瓶。關於這點，沒有其他良方，只能空出行李箱，把奶粉備

好。如果是六個月以上的嬰兒，情況許可下，或許還可以試試各種異地口味的配方奶，但六個月以下的寶寶還是喝常喝的牌子比較好。

至於奶瓶，還是強力推薦塑膠瓶，一來輕便許多，再來不會摔破。另外也聽過不少媽媽，為了保持奶瓶清潔，毅然扛著奶瓶消毒器出遊，真的太辛苦了！其實可以先行詢問住宿飯店有沒有相關的配備。再不然，您也可以使用飯店提供的熱水壺，用煮沸的水來做奶瓶清潔。

六個月到二歲：增加副食品比重

這個年紀的小孩會逐漸加重輔食的比例，一歲半到兩歲基本上已經可以吃清淡的食物，牛奶只是加強營養的輔助品。最麻煩是中間這段「斷奶期」，需要的輔食量大，又偏偏還不能吃正常的成人食物。我認識一些父母，因為有遵循特定育兒法，旅行時也非常堅持輔食要達到黃金比例的標準。因此特地買了很多符合標準的鋁箔包嬰兒食品，這當然非常好，短程旅行很適用。不過嬰兒食品的重量不輕，價格也不算便宜，如果旅行天數上達十天，光是重量就很可觀。所以，如果您很在意孩子「每一天」的營養，那麼還是盡量控制旅行天數在五天內；或者您可以稍微讓自己鬆口氣，十天吃得稍微沒那麼營養真的不是很可怕。我通常帶一根攪拌棒、一副削皮刀、幾包應急的副食品就出門。食物來源以很容易買到的蘋果、香蕉、雞蛋為主，雞蛋扔在熱水器就能煮熟，使用攪拌棒打成泥，再輔以容易在餐廳點到的米麵飯類，如此蛋白質、維生素、主食的營養都算齊備，水煮蛋和水果都便於攜帶，對大嬰兒來說也不難下口。

1. 吃副食品時期，出門旅行會比較麻煩一點。

　　另外，許多航空公司除了兒童餐外，也有提供嬰兒餐和斷奶餐，長榮的斷奶餐甚至非常豪華地提供六種不同的食物泥，足以讓小寶貝吃得眉開眼笑。在訂餐的時候一定要問清有哪些選項。而吃東西最不成問題的旅行地當屬日本，琳瑯滿目的嬰幼兒食品在所有藥妝店都可以買到。

二歲到三歲：餐飲與成人無異

　　這個年紀的小小孩一般來說已經不肯吃泥了，有些也已經戒奶。一日三餐，時段與成人無異。但切莫掉以輕心。如果到飲食習慣完全不一樣、或是淡季就很蕭條的地方，還是要高度注意。會這樣說，當然是因為我們有悲慘的遭遇。

在多多兩歲四個月時，我們去希臘希俄斯島旅行。時值十月下旬，已經過了夏日旺季。由於希臘光是有人居住的島嶼就多達數百，除去聖多里尼、米克諾斯此類一級觀光地，能查到的資料實在極其有限，我們在前往後才知道什麼叫作淡季的海島。不但島上的觀光城鎮時常中午餐廳不開門，不然便是開門也只有烤魚和蕃茄醬義大利麵適合讓小孩吃。甚至有一餐完全讓多多吃餅乾泡牛奶果腹（但他其實吃得很開心），導致他從希臘回來後有長達一年的時間完全拒絕吃

2. 入境隨俗吃美國孩子的點心起司通心粉（舊金山民宿）。

紅醬義大利麵（和我們從印度回來就一年都不想吃印度咖哩的情況接近）。所以說，去不熟悉的地方旅行還是要稍微注意一下。最好能夠自己準備水煮蛋、水果、餅乾麵包之類易於攜帶的乾糧，以避免災難發生。

三歲到六歲：要注意挑食心態

這個年紀的小孩問題在於愛玩和挑食，往往一到飯點，就會挑東挑西，最可怕的是明明指定要吃某樣東西，點來了卻只肯吃幾口或完全

3. 對大一點的孩子，吃得有趣變成重點。

不動。就我自己的經驗，幼稚園的影響是元兇之一。多多上幼稚園前，已經習慣和大人一起一日三餐進食，每頓的分量都很足夠。等到上了幼稚園，因為實施點心制，相對就讓正餐的胃口降低，連回家的飲食習慣也變成少量多餐。如果想要維持旅遊的好心情，不要在吃飯時間狂吼小孩，解決之道只有——外帶及隨身攜帶零食。打包便於攜帶的餐點和零食，沿路餓了就餵兩口，小孩不會餓到自己的，其實不必太過操心。等他們想吃再吃吧，作息規矩暫時放到一邊。

▶ 衣：洋蔥式穿法，注意頭部手腳保暖

會讓爸媽比較煩惱的小孩穿衣問題，多半發生在嚴冬落雪的國家。如果是已經不太坐嬰兒車的孩子，因為活動度高，多半要注意的是加強厚外套的洋蔥式穿法：大外套或防風外套搭配輕羽絨背心或針織小外套，如果必要，貼身衣物也可換成發熱內衣，以兼顧有暖氣的室內與室外溫差之中的保暖與方便性。在嚴寒地區，帽子是必須的，手套和厚襪更是保護小孩的重要備品。而對還以嬰兒車為主要代步工具的嬰兒，防寒就

洋蔥式穿法

外層：大外套或防風外套

中層：羽絨背心或針織小外套

內層：貼身內衣

其他：帽子、手套、厚襪

4.冷天帽子、手套與厚襪是小孩必備裝備。
5.披肩、大方巾、大圍巾都很實用，旅行必備單品！

更為重要，除了嬰兒車外掛擋風遮雨的車套，最好準備一件大人使用的厚大方巾或大圍巾，除了可以防寒，在偶爾發生必須在外面換尿布的時候也可以發揮保暖的功效。

▶ 住：訂房時注意是否有嬰兒設備

住的方面，不管是 Airbnb 或是一般飯店，你都可以在訂房時看到是不是對家庭（或嬰兒）友善的標注。如果看到心儀的飯店或民宿，也可以先行發訊詢問關於嬰兒入住的相關事宜，是否有提供嬰兒床或護欄、有無嬰兒浴盆、能不能租借奶瓶消毒器（這項目前只有在日本的飯店看過）等。一般依據我的經驗，日本、美國、澳洲、泰國這幾個地方，嬰

兒相關設備大都會提供，而且尚稱完善，比較不需擔心。

▶ 行：注意大眾交通系統是否對嬰兒友善

　　行就是會影響旅行很關鍵的因素了。在制定行程時，必須考慮嬰兒車和幼童的體力。這個就要勤做功課。比如京都，就不屬於能夠大力推薦小小孩的旅遊地。首先，交通工具要完全擺脫公車的可能性偏低，而嬰兒車上上下下公車是很麻煩的事。此外地鐵入口有電梯的標示稍嫌不明，所以在搭乘各種鐵路時也比較容易在同一個站轉圈圈。香港是另一個小小孩地雷區，原因無他，大部分道路都不太適合推嬰兒車。在九龍還勉強可以，但香港島簡直就是嬰兒推車殺手，路不平、窄小、

6. 自己帶行李和小孩旅行時的狀況大致上都是這樣……
7. 小孩推行李也要特別注意，不能讓孩子推著快跑玩樂以避免跌倒意外。

8. 在香港推嬰兒車上馬路實在是情非得已。

到處堆滿雜物、人多車擠。短短兩百公尺的路就足以叫媽媽滿頭大汗叫苦連天。

　　當然這些地方並不是必須被排除在旅行目的之外，只是在行程規畫時必須好好考慮。像是香港行如果只規畫購物中心、迪士尼、海洋世界，而中間接駁大多以計程車解決的話，也算是一個幼兒適宜的行程。

▶ 大：得有隨地換尿布的技巧

　　最後，我們來談「大」。「大」就是小孩大解、非換尿布不可的時候。這個生活日常問題嚴格說起來不難解決，每個國家都存在嬰兒，每個嬰兒都有這個需要，不應該是問題。不過，我還是奉勸每個打算帶孩子遠行的爸媽，在出門前練好迅速（在嬰兒車上）換尿布的絕技，因為，您不知道會碰上什麼情況。

　　如果您以為有廁所就萬事大吉，那您一定不熟悉歐洲的廁所。歐洲的

9. 能想像在這片空曠草地上找地方幫一定要立刻換尿布
的小孩解決「大」的事情？（奈良公園）

付費廁所通常只能一人使用，而且非常窄小，所以我通常是在各大咖啡
館或餐廳進行「大」挑戰。餐廳還好，咖啡館的廁所雖然比一般路上的
付費廁所好一點，但實在沒有好太多。要把沾滿大便的嬰兒清洗乾淨、
換好新尿布，絕對需要一點技巧。請務必要有心理準備。

▶ 其他挑戰

　　另外，不管長程短程天數如何，先行準備好必備的資訊：包含代表處
電話和當地有哪些優良醫院，也請一定要投保，以免孩子生病意外陷入
慌亂。一般來說六歲以下的孩子藥局是不會建議孩子服用成藥（歐美國
家），如果只是小感冒，看醫生又很麻煩的話，我自己會使用旅行必備
的葛根湯泡在牛奶中讓多多喝，截至目前為止都很有效。

飛機上的那些事

　　帶孩子旅行，首先碰上的困難就是，孩子能不能在交通工具上安分幾小時？

　　還沒有孩子的時候，不可否認，但凡上機，我最害怕的就是兩件事，一是隔座的人身量龐大，二是同機艙的乘客中有嬰兒。前者尚可想法子挪移，後者卻是不可知的未爆彈。畢竟成人無法跟嬰兒計較，鬱氣無處可發。除了忍，只能乾脆把耳機戴上大聽搖滾。

因為曾是恐嬰一族，所以人生升級後，對於患有嬰兒過敏症的人格外寬容，也因而更在乎「自家產品」的搭機禮儀，生怕小傢伙在機上一展天賦的宏亮嗓音，惹來眾人白眼。

▶ 小小空中飛人的行前教育

多多君自小就是空中飛人，三歲以前幾乎每兩個月就飛一趟往來新加坡臺北，為時四個半鐘頭的航程。為了多多的首趟旅程順利，我做了「旅行性格塑造」的準備──讓嬰兒「只要有媽媽就能睡覺」，並且能適應「各種人」的接近。可以說多多打小就非常適應移動這件事，以全副身心迎接每一堂旅行課。

我並不屬於認真鑽研各種育兒理論的母親。相反的，我深信「有快樂的媽媽才有快樂的孩子」。所以各種預備，其實都是為了讓「媽媽」本人開心，以達成養出快樂寶寶的目的。其中我自己覺得，能夠養出多多的旅行性格，很關鍵的一點是一開頭提過的「抱睡」這件事。

抱睡不僅僅讓多多能夠隨處安心睡、作息彈性。我也認為，因為貼著媽媽胸口聽心跳聲睡著，養出多多嬰兒強大的安全感，才讓他從小就特別不怕生。同時媽媽（我）也能享受寧靜的母子時光。此舉起初被我母親質疑，深恐這樣會累壞我，並導致嬰兒沒有媽媽不肯睡的弊端。結果不然，其實只要使用得法，就可以取優除弊。

一、媽媽要挑「自己舒服」的姿勢抱嬰兒

我通常會在背後添加迎枕，讓身體有一定斜度，因此孩子可以趴臥在身上，而媽媽雙手仍可自由活動，能喝茶喝咖啡滑手機轉遙控器看書，在孩子睡覺時也繼續與世界接軌。如果可以的話，最好有伴可以閒聊，如此嬰兒能習慣在一定背景音下也能入睡。

二、不站抱拍睡

讓嬰兒入睡時必須以最舒適的方式坐下，即使嬰兒哭鬧也不改變。不要讓嬰兒擁有指揮權，不然真要面對累死的命。拍睡的道理亦同。我明瞭嬰兒入懷做母親的難免想要拍撫寶貝，但最好稍稍拍幾下即可，最多以三到五分鐘為限，不然不拍不肯睡，媽媽恐怕又要累死。

三、抱著睡覺是午休

抱睡其實也是讓媽媽白日休息，讓母親也可以在把屎把尿的生活中找到喘息的出口，嬰兒睡熟了能放下更佳。但這限於白天。夜晚進入長睡眠時期，還是讓孩子在自己的小床上睡，培養嬰兒認知晚上睡眠和白天午休的區別，也才能避免晚上媽媽不陪孩子就不睡的問題。

多多習慣了在我懷中入睡這件事，在機上只要略有睡意，我一抱就可以呼呼大睡，旅行中到午睡時間，也只需要挑間喜歡的咖啡館坐下，小傢伙就能安靜在懷中休憩。甚至和朋友相約午茶，也能攜子同行，孩子午睡和媽媽社交兩不耽誤。

▶ 初登機的各種挑戰

起降

搭機最害怕的難關是起降，因為耳壓改變的不適，會讓孩子大哭。雖然在我身上甚少發生，且成人若要降低不適感，只要張大嘴、讓內外壓接近即可，再容易不過。但要怎麼和嬰兒說張大嘴？對嬰兒來說張大嘴只怕就是要嚎哭了。詢問過兒科醫生，方知解決之道是起飛時讓嬰兒吸奶瓶，或乾脆睡過去。

座位

另外一個問題是座位。兩歲前的嬰孩機票票價幾乎只要正常票價的十分之一，自然沒有位子，因此在訂票時務必要請票務人員幫忙訂在機艙第一排的位置，不但空間比較大，也可以掛嬰兒吊籃。每家航空

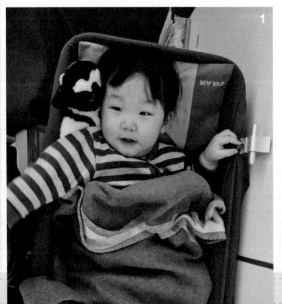

1. 能夠睡在吊籃的寶寶都是天使（多多完全不行，他只是躺下給我拍照）
2. 吊籃的大小不一，這是大的，小吊籃多多四個月大就放不進去。

公司的嬰兒吊籃耐重量落差甚鉅，訂的時侯要記得詢問。雖然吊籃嬰兒未必肯賞臉，但只要嬰兒願意在裡面玩耍上一陣，就是可憐爸媽的休息時間。

吃

至於吃，嬰兒時期還算容易，所有航空公司都提供熱水。如果對機上的熱水不放心，其實可以自帶熱水。雖然安檢明文規定不能攜液體上機，但出於方便父母，只要指明是給嬰兒沖奶粉的水，我還沒有碰過被

3. 機上的斷奶餐
4. 長榮的斷奶餐值得稱讚。
5. 機上的兒童餐。

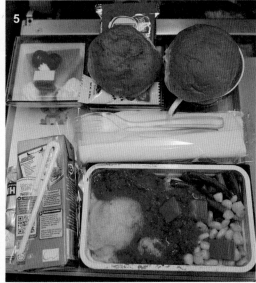

攔下的。等孩子稍大，需要副食品時，大部分航空公司會提供斷奶餐
（和兒童餐不同），分量、口味會因為航空公司國籍不同而有差異，有
些斷奶餐還頗受嬰兒歡迎。所以是不是要自備副食品上機，這完全看嬰
兒飲食習慣。

真正麻煩是孩子兩三歲時。這時候的孩子玩比吃重要，口味稍重的成
人餐有時比兒童餐來得吸引人。起初不懂這道理，結果專門為孩子預先
訂的兒童餐點，最後總是進到我的肚子，我那份不太吸引人的飛機餐倒
是被小傢伙一口一口吃完。雖然誰都知道給孩子口味清淡點比較健康，
但我想就不要急壞自己，旅行中把生活標準放寬吧，孩子能吃飽、同行
者和其他乘客能舒心為優先指標。

放風

爬行階段時，我會讓多多在走道上爬行，自己在身後跟著。等小孩爬
夠才清潔小手帶回坐位。等到可以直立行走，我也會跟著他搖擺蹣跚的
小身子，任他跟他喜歡或喜歡他的乘客打招呼。雖然嬰兒在大多數人眼
中的確是吵鬧未爆彈，但飛行無聊，稚兒嬌憨，喜歡逗小孩的人不在少
數。我們也曾經因為多多君的「社交行為」，在洲際長程飛機上認識另
一家住在東京的乘客，之後還到東京同遊上野動物園。簡直可以說幼兒
外交，潛力無限。

等到一歲半、多多已經能穩穩行走的時候，我就不太起身跟著小孩走
動，只讓多多君保持在視線範圍內自行探索。送餐時、送餐後（免稅品

開始販售，且比較多人會在此時去洗手間）都是走道高峰期，這時間就非常不適合讓小孩放風了。

安全帶

我有些朋友的孩子非常討厭安全帶，如果真的很不願綁，可以在旅行前買一條玩具安全帶，隨時放在孩子身上讓他習慣，是可能的解決方法。

娛樂設備

等到孩子自己有座位，就可以開始使用個人娛樂設備，帶書和玩具都是打發時間的方法之一。雖然許多爸媽不喜歡孩子看電視，但旅途漫漫，就讓孩子看吧，您可以輕鬆一點，孩子也可以開心一點嘛。

6. 記得跟空姐要兒童用耳機，一般飛機都有。

6

PART
2

旅行規畫

新手篇

自駕遊
適合沒出過遠門的親子家庭

　　對於還沒有帶小孩出遠門過的爸媽來說，自駕遊是最簡易的選項。如果您對旅行沒有信心，不妨先從國內小旅行開始。我在多多七個月大時從臺北出發到臺南做兩天一夜的小旅行，全程先以高鐵做大移動時的主要交通工具，抵達臺南後才換成租車自駕，是最為省力的方法。如果行程不趕，從居住地慢慢開車欣賞沿路風光，或者宜蘭，或者沿臺中、鹿港、日月潭、阿里山走中部經典路線，或者走東海岸山光海色之旅，都很適合。

　　嬰兒暈車的狀況不算少見，如果您的孩子正好是容易暈車的體質，有幾點可能必須注意：

- 出發前別讓孩子過飽，吃易消化的食物，也不要用餐後就出發。
- 太過曲折的山路就捨去吧，不然小孩沿路吐您也無心欣賞美景。
- 保持車內空氣清淨，不要有容易引起嘔吐反應的味道，比如油膩食物或菸味。
- 要先備好塑膠袋，若小孩不幸反胃馬上使用，不要讓味道溢出，如果來不及也要即時清理車子，不然氣味殘留會讓孩子更不舒服。

- 駕駛要穩定,畢竟暈車有很大原因是技術太糟造成,慢慢開最好。
- 轉移孩子注意力,不要讓他專注在不舒服這件事上,也會有幫助。
- 如果無法避免,六歲以下最好要在醫生指示下服用暈車藥。

▶ 提前租車、注意停車問題

　　自駕遊比較麻煩的是停車。亞洲地區還好,習慣相類,不容易有誤會。但是歐美地區的停車法則就不一樣,特別是歐洲的古老小鎮,往往不讓外車入城停靠,或是停車的規定嚴格,不小心就會吃罰單。至於美國,主要是大城市停車位不僅不容易找,價錢也高,如果為了孩子才開始自駕,之前沒有相關經驗的爸媽,最好要先查清楚。而歐洲租車如果沒有提前預定,基本上是租不到自排車的,這也要請您注意。

1. 多多的第一趟自駕遊——臺南。

2. 自駕的好處之一，就是幾乎可以不干擾孩子作息。
3. 換手媽媽開車時的常見景象。

▶ 先從國內開始、最適合四歲以下的旅行方式

　　我們的自駕遊始於臺南，目的是美食。因為行前已經知道狀況，所以直接以外帶方式在車內分食，不受臺南小攤人多、沒有空調的限制。這可以說是彈性度最高，不怕娃想睡、不用推車拖行李，想去哪就去哪的最佳旅遊法。自此之後我們的自駕版圖陸續拓展到東京、北海道、舊金山、希臘和托斯卡尼，自駕是我個人推薦，最適合攜帶四歲以下孩子旅行的方式。

新手篇
一打一的挑戰
能和小孩獨處一整天，你就辦得到！

其實，如果平常您可以自己一個人和小孩獨處一天，或是獨自能帶出門半天，您就基本具備一打一的條件。

現在許多母親是職業婦女，平日多半不是自己帶孩子，一旦要出行，難免會害怕。可以在計畫旅行前，先花幾個週末好好和孩子相處，觀察孩子在陌生環境的反應、確認自己有能力安撫。如果還不自信，進行一打一的旅行之前，可以先試著從旅程中安排一兩天各自行動，試著輪流帶孩子進行旅行，如此不致於一開始就陷入孤立無援的窘境，也能嘗試異地一打一的體驗。我雖然一直是自己帶多多往返於臺北和新加坡之間，但第一次真正在旅行中獨自帶小孩，其實是多多八個月大時陪著先生出差去日本東北。

一打一其實並不困難，只要放鬆心境，步調放慢，一天至多排兩個景點，另外預備三個景點做為備用，抱著「能去多少看天意」的良好心態，就不容易焦躁或急中出錯。

▶ 孩子大哭大鬧 hold 不住？先抱離現場

　　除了掌握了「食衣住行大」的概要，新手爸媽最令人尷尬的景況應該是孩子莫名大哭大鬧。此時最簡單的方法，就是先轉移孩子注意力，若一分鐘內無法止哭，就立刻抱離現場。這除了可以讓父母避免承受他人側目，也給了爸媽比較能平心靜氣和小孩溝通的餘裕。一打一時若沒有另一半可以幫忙看東西，需要準備的除了放置孩子用品的媽媽包／雜物包，還要準備抱／帶孩子也能隨身攜帶的貼身小包，用來存放貴重物品，這樣抱孩子暫離以安撫或如廁時，可以不擔心財物且能迅速離開。不過依照我的經驗，在只有一人帶小孩旅行時，小孩會特別聽話。大概是陌生環境中對唯一親密對象的依賴結果，哭鬧的情況也會降低。

1. 在仙台一打一。

2. 白石川堤。

主題旅行
適合三歲前進行

　習慣了新手隨心所欲彈性自由的旅行後，如果野心大一點，可以開始幫自己的旅行定下明確主題。

　比如我一向喜歡咖啡館，所以到各地旅行都會先行查詢當地的特色咖啡館或咖啡歷史，日訪二到五間不等，知名景點反而變成咖啡館之間的點綴行程。又或一般人最常聽說的賞櫻、賞楓或美食為主的行程，只要目標事物占了行程三分之一以上的比重，我覺得就可以定義為主題旅

1、2. 賞楓主題。

行。這樣的旅行因為要遷就的東西比較多，規畫也需要仔細，難度稍微高一點，但樂趣也會成倍增加。

不過有了孩子，這樣的主題旅行比較有難度（當然，主題是樂園除外）。一來父母有興趣的孩子多半不懂得欣賞，特別是賞楓賞櫻這類會跟一大堆遊客一起擠的旅行，難度會更高。我在單身時曾經進行長達一個半月的追櫻旅行（詳見《追櫻》一書），但即便是我，如果要帶年已五歲的多多完全複製當年的規畫走一趟追櫻旅行，恐怕不只會非常辛苦，還要不斷想法子應付多多的時時追問：「為什麼又是看這個花？」

如果心中的主題旅行不幸正是此類行程，請務必把握黃金週期，也就是小孩三歲前。這個年紀的孩子對任何事務都還保持高度好奇心與新鮮感，即使父母每天都專注看櫻花，小小孩也可以完全不在意地注意路上

3、4. 東京燈飾主題旅。

5、6.杏黃主題旅。

的紅綠燈、人孔蓋或是汽車。在黃金時期裡我帶著多多進行過三次主題旅行，除了京都賞楓，另兩次是難度較低的香港美食之旅，和難度稍高但小孩也會喜歡的關東聖誕燈飾主題。安排主題旅行，只要抓住對小孩來說適應比較挑戰的地方，之間安排一兩樣適宜小孩的活動，大概就不是問題。

　　像香港小食店座位大多是圓凳，帶孩子比較不方便，選店時要比較注意；聖誕節前後，關東天氣冷，賞燈又只能在夜裡進行，更要小心保暖。只要注意好這些關鍵事項，就可以愉快地進行旅行。

▌ 孩子越大，主題旅行挑戰越高

　　等孩子大一些，主題旅行的執行挑戰度就比較高。如果可以，統合大人小孩的共同興趣是最上策。以我們家為例，一家三口對動物都很著迷。那麼就可以進行以水族館和動物園為主題的旅行。一旦主題確定，只要詳細做功課，就會發現令人意外的驚喜。以國人最常旅行的目的地之一的東京為例，若以一星期規畫，您會發現每天都能夠安排不同的水族館進行參觀；或是巴里島，八天行程中可以住一天大象飯店、兩晚住 Mara Safari 野生動物園飯店外加與海豚共游，動物變成超大焦點，如此就能把常見的旅遊點變成完全不同風味，且老少咸宜。

7、8. 水族館主題旅。

在四五歲時，也是可以讓孩子開始參與發聲的年紀。我會將此行預備去的地方先行解釋過，如果是特別需要注意的，就在行前提早兩到三個星期先行預告。視情況需求，有時也會找線上影片給孩子看，做好心理準備。許多成人想當然耳的反應，孩子其實會有不同想法。去巴里島前我讓多多看了和海豚共游的活動影片，以為他一定會很喜歡。結果他雖然確實喜歡，但也明確告知：「我絕對不要和海豚親親。」反而在老虎園以為他只會願意和小老虎拍照，沒想到他卻更想去抱大老虎等等，都是預先溝通才會發現的事。

若是爸媽的興趣實在和孩子走不到一起，那麼就要試著想出趣味點。我非常喜歡以咖啡館為主題做旅行，但多多對於在咖啡館一坐一兩小時這種事接受度不高。但他喜歡蛋糕和音樂，那麼我就專門找有美味蛋糕或是有現場演奏的咖啡館，如此和他愉快地在巴黎與舊金山走遍心中想望的咖啡廳。等多多稍大，我也會隨身攜帶小玩具和小本故事書或拼圖，讓他在「陪媽媽」之餘，也能享受自己的時光。

您也可以試試看培養孩子也喜歡上您的興趣，說不定會找到更好的方法。

9. 吃甜點玩樂高是多多的咖啡館標配。（威尼斯／佛羅拉咖啡）。

居遊 long stay
注意居住地治安、交通與生活機能

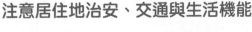

短天數的旅行難度通常不高，但若是有機會帶小孩出門一個月呢？

其實居遊和旅行的差異沒有以為的大，主要是旅遊者的心情會有很大不同。畢竟一個月不是一星期，不太可能天天都是遊玩的心態，所以要怎麼選擇住宿地？有沒有地方遛小孩？下雨天不能出門怎麼辦？要準備多少衣物才夠？是不是能自炊？到哪裡購買需要添補的幼兒用品？小孩生病發生意外怎麼辦？這些都會成為父母的煩惱源。

但即使身處國外，這些資訊都不是無人可問，一般來說居遊的話您有房東的可能性很高，也就表示您有當地人可供諮詢（就算是飯店，也有櫃臺人員可以詢問）。

一、醫療
最令人擔心的醫療相關問題，費用部分交給保險（親子旅行保險很重要），技術與一般提問就靠當地人的幫忙，真的不行外館人員也可以提供必要協助。

1. 附近是否有公園,是居遊選擇住宿時的重點(舊金山)。
2. 要注意小孩與民宿中的危險用品(例如花瓶與電器插頭)
3. 居遊時選擇一間對幼兒友善的民宿非常重要。

二、住宿

　　居遊時選擇一間對幼兒友善的民宿非常重要。從 Airbnb 或者是 bookimg.com 等平臺上尋找住處時，都可以在進階選項中擇定標有「歡迎嬰幼兒」或「家庭友善」的飯店或民宿。而與房東的往來信件中也可以得知對方對於有幼兒同行的想法或可能提供的協助，這些都具有相當參考價值。

　　選擇民宿的時候，除了要考慮費用，廚房設備不可或缺。就算攜帶孩子的您不諳烹飪，也要選擇至少可以熱牛奶、做個水煮蛋或加熱外食的地方。

居遊住宿挑選確認

□ 友善幼兒

□ 價格

□ 是否有廚房

□ 治安

□ 交通

□ 四周是否有公園、廣場等

4. 居遊中重要的親子時光（舊金山）。

6. 居遊就有機會參加不是一級的觀光活動（舊金山搭老消防車遊金門大橋）。

　　住宿地點的治安和交通也需考量，但也別忘了查看附近有沒有能帶孩子走走的地方，像是公園、遊樂場（playground）、購物中心，以及廣場都可以。

三、衣物與備品

　　至於要準備的物品，建議大部分衣物及各樣備品以一星期的使用量做準備，至多再添一兩件預防氣溫突變的保暖衣物及雨具，再看行李箱是否還有餘裕以做添加。通常一星期的衣物已經足夠一個月內使用，其他備品就可以在當地購買。剩下的空間可容納孩子的心愛之物，這時可以由您限制數量，請孩子自己選擇要帶的玩具物品，讓他也開始學習旅行的行前準備。

7. 居遊一個月的可怕行李量。

8-1、8-2. 半夜無人時來看漁人碼頭的海豹，絕對是居遊才有閒做的事（舊金山）。

高手篇

跨洲旅一次就上手
旅途長、時差問題，靠轉機排解

　　跨洲旅行之所以被大部分父母視為魔鬼級挑戰，主要原因有二：一個是旅途的時間很長；一個是時差問題難以解決。在這裡有個便宜的解決方案：不要直飛。如果您的孩子是一上飛機就立刻昏睡這種報恩型乖巧小孩，這就可以跳過不看，但若屬於長途飛行中難以入眠，清醒時間大半，那麼避免直飛就是一個良方。

　　直飛雖然可以縮短時間，但相對地對不慣飛行的人來說，其不適感也最大。若飛行途中可以下機伸伸腿、跑跑跳跳一下，除了可以暫時轉換環境、分散注意力，也可以借此開始調整作息時間，降低時差影響。

　　前段航程最好較短，這段航程讓小孩累一點無妨，看電影、喝果汁、吃零食，找事讓他們做，等待轉機時再讓他們跑跳活動，後段就會比較好睡，再搭配訂早晨抵達目的地的航班，那麼只要利用小孩對新鮮事物的興奮感先撐過第一個白天，不要休息，那麼第二天多半就可以把時差調回來。

這種配置若是以亞洲為出發地，中東地區做為轉機處就很適合，而阿聯酋航空、卡達航空、阿提哈德航空的性價比也很具競爭力，不妨考慮。假使訂不到早上抵達的飛機，也可以依據轉機的地點時間、候機長度來調整作息，儘量在飛抵目的地前解決時差問題最為理想。

如果旅遊天數充分，轉機的地點也具備旅遊吸引力，那麼乾脆稍稍停留轉機城市，多玩一個地方，也是解決方法之一。

▶ 歐美澳注意事項

抵達目的地後，小小孩面對的是與亞洲截然不同的環境，大人也是。我曾經分別在新加坡、美國、澳洲碰過非亞裔成人想要逗逗小小孩，結果把小小孩嚇得啼哭不止的經驗，小小孩固然沒錯，但成人要面對的場面卻十分尷尬。為了避免類似狀況發生，行前最好先為小孩做好行前教育，然而小孩的「知道」許多時候不等於「理解」，所以抵達旅遊地後最好再次提醒孩子，請他們不要害怕。若是還不能溝通的小小孩，就要請爸媽多費心注意，即時給予安全感了。

此外，歐美澳大都是很乾燥的地方，建議準備比較滋潤的護膚油，防止孩子因為太乾不適。個人最推薦大人小孩都適用的馬油和椰子油。

在歐美澳分別有幾樣因文化環境不同而產生的有趣差異。

1. 歐美溼度低，很適合野餐。
2. 在小孩還不能溝通時，遛小孩繩也是很好的幫手。

澳洲：別太相信澳洲人口中的安全

　　澳洲是非常適合親子遊的目的地，在旅遊活動上也很注重安全。不過，因為澳洲毒物四處，地曠人稀，商業活動以外，他們對「安全」的定義和其他國家的人略有差距。比如某次在北領地出遊，計畫在沙地上野營，根據嚮導的說法，此地非常安全，結果紮營後發現一些蠍子，在眾人驚嚇中，嚮導只是悠哉踢開蠍子們，若無其事地說：他們只是

3. 沒有語言障礙的年紀。
4. 順利融入小夥伴中。

5. 這位特別把菸遠離多多來逗弄他的先生讓我印象深刻。

baby（意為毒性不強的品種）。所以如果帶孩子到澳洲，就要特別注意留心孩子的活動範圍，也要叮嚀他們不要隨意觸碰昆蟲。當然，大體上澳洲仍然是相當安全的旅遊地。

美國：千萬不要在路上罵小孩！

美國許多州對兒童安全和家暴問題相當重視。和多多居遊舊金山時，雖然時常為多多的調皮頭痛不已，但多多仍會被當地人大讚是 very good boy，並且詢問我怎麼可以讓他這樣乖巧。因為以亞洲人的標準，美國確實是可以寵壞孩子的地方。某次我們帶多多出門外食，因為他淘氣的關係，我和多爸瞪了他一眼，結果旁邊看到全程的侍者居然立刻拉下臉回瞪我們！搭乘美國航空時，您也會發現孩子的重要性

在空服人員眼中不同於他國。某次我們前方乘客大約有恐嬰雷達，起飛後就和空服人員反應後方有嬰兒咿咿唔唔，結果空姐一邊聽，一面私下和正在後方觀察的我做鬼臉，最後義正嚴詞地和前方乘客說：「小孩吵鬧是『正常』的，小孩有吵鬧的權利，她不能要求孩子或父母。」雖然當時多多遠遠不到吵鬧程度，我們被「客訴」的也很冤枉，但您可由此得知，在美國，特別美西，小孩被寵愛的程度。所以，千萬不要在路上罵小孩！

歐洲：不容易找到亞洲菜色

歐洲在管教孩子的部分比較接近亞洲，對孩子不那麼縱容。然而飲食方面，大城市以外不容易找到亞洲菜色，特別是符合亞洲人口味的飯食。我帶多多在巴黎時就因為難以在住處附近餐廳找到近似蓬萊米口感的米飯，不得不去超市買小包裝的日本米，再上網學習怎麼用平底鍋煮出電鍋口感的白米飯。歐洲旅遊時常長達十來天，如果小孩不愛長米的燉飯口感，最好行前先讓他習慣吃義大利麵和歐式麵包，以減輕覓食的麻煩。

要吃什麼呢？

家族旅行

三明治的煩惱，有老有少怎麼辦？

　　有了孩子後，人生正式進入三明治時期——上有老，下有小，一年假期就這麼多，陪了小孩出門，就沒有時間陪長輩，家族旅遊成為必須選項。家族旅遊的難處在於家族的規模，如果是夫妻之間單一方的大家族旅行，彼此都熟悉的情況下，問題相對少，孩子有孩子伴，老人家也有人陪，但彼此要有共識，觀光變得次要，要珍惜的是相聚的時光。這種家族旅行就不在討論的範疇，這裡主要是說另一種比較艱難的可能，當夫妻要同時帶著各自父母和小孩一起出遊的狀況。

　　我就屬於這種情況。因為長居海外，平時要陪伴各自父母時間實在有限，也因為久居海外之故，雙方父母稱不上熟悉。起初在做旅遊規畫，就從旅行的地點、移動方式和住宿來做考慮，種種狀況排除後，最適宜的選項剩下兩種，一是郵輪旅行，這個後面另做說明。另一種是在定點城市居遊。

▶ 定點城市居遊，移動住宿都方便

　　定點城市居遊顧名思義就是擇定一個大家都有興趣的城市，單點進

出。這個好處是避免大移動的舟車勞頓，將同時照顧年邁父母、小孩和大行李的時間降到最低，也避免人數太多必須分開車輛乘坐，而產生的自駕遊特有的跟車困難、駕駛不足等麻煩。如果父母有獨立旅行的能力，在單一城市熟悉兩天後，大則可以自行去有興趣的景點，小也能夠在住處附近找有興趣的小店咖啡館或購買生活雜貨，增加出遊的趣味。

一、住：住的部分，如果彼此實在陌生，飯店是比較適合的選項。但我們仍然優先選擇帶廚房的公寓式民宿，一來能早點讓大家熟悉，再來夫妻也可以趁著有長輩陪小孩時單獨出門，享受自由時光。挑選民宿時，最好挑選至少有兩間浴廁者，不僅是因為人數，也是因為兩家生活習慣不盡相同，各自有衛浴設備使用起來比較放鬆。

二、行程：老小兼具的行程安排，景點與景點間不要排得太緊張，以上午下午各一至二個亮點為主，晚餐找一間較好的餐廳休息聊天，或乾脆搭伙做飯都有助於情感的融洽。如果只與單獨一方的父母出遊，開一大車足以的情況，那麼自駕遊也很適合，特別針對北海道、德國、奧地利、托斯卡尼這些以山水明媚著稱的地方，更只有自駕遊才容易領略其風光。

1、2.家族旅行
是很好增進感情
的方式。

特別篇
不一樣的旅遊

旅行社團體旅行
得事事遷就，小孩大些再嘗試

　　跟團旅行表面看似適合親子行：一來全程有人照看，不必排行程、更不用擔心迷路、提行李、交通問題等瑣事，價格有時也很漂亮，但其實不然。

　　首先臺灣團旅一般來說都是早起晚歸，往往六點半七點就已經要起床準備吃早餐，晚上終於抵達飯店又時常已經過了夜裡八九點。如果加上小孩到新環境的興奮感刺激，入睡時間可能會拖到十點後，換算起來一天的睡眠時間不到十小時，早上就很難準時起床不哭鬧。然而團體行動

1. 跟團也很適合三明治的我們。
2. 餐廳高不高級和小孩肯不肯吃完全沒有關係。

3. 去下大雪的地方，跟著旅行團有一定程度的方便（新高穗）。

4

一有延誤就是拖到一車人的時間，就算同團旅客都願意包容，自己心裡也難免過意不去，每天早晚多半在趕孩子起床或睡覺這兩件事上焦躁，旅行的愉快就會大打折扣。

　　之前曾有新聞，一名媽媽帶著二歲女兒參加前往歐洲的旅行團，結果被同團旅客大罵的事。不論是非對錯，這樣的事只要發生，這趟旅遊也就算半毀了。就算孩子是天使型的乖巧孩子，沒有哭鬧問題，身為父母也還要再為小孩多想一下，團體餐小孩是不是願意吃？有沒有別的替代食物供小孩果腹？畢竟團體旅行只有事事遷就，要被遷就的機會究竟少了點。

　　直到多多四歲半，睡眠時間減少，比較能夠溝通，也很清楚他的旅遊性格後，我才第一次帶著他參加日本合掌村冬遊五日團。多多很配合沒

5

有造成大家困擾，反而當起導遊小助手，偶爾還會逗樂大家，算是不錯的旅行經驗。但即使如此，還是有幾點小煩惱。四天中有三天午餐都不太適合小孩，本以為日本旅遊便利超商隨處可找，不料沿路都是山野鄉村，難有店家，結果孩子連吃三天的味噌湯泡白米飯。

另一點意料之外的是睡眠。因為每日拉車時間很長，本來以為能在車上補眠，沒想到因為遊覽車規定每人都需要在座位上繫好安全帶，在坐姿被限定、媽媽也不能抱的狀況下，多多就需要比較長的時間才能入睡，結果往往才睡著就要下車參觀，五天下來就睡眠不足了。

簡而言之，團體旅遊是沒有時間自己打理行程的不得已選擇，特別是對於小孩較多的父母而言。但最好要確認小孩的旅遊狀態、食衣住行是否能合意或遷就。如果都不確定，等小孩稍微大些再嘗試比較好。

特別篇
不一樣的旅遊

郵輪
輕鬆的海上渡假村

　　郵輪旅行是臺灣這幾年十分風行的事，但因為我在多年前有過不甚美妙的郵輪經驗，所以一直到小孩出生、計畫同時帶兩家長輩和小孩一起出遊時，才終於考慮。結果因為現代郵輪迥異於過往，娛樂設施大小皆宜，反而成為郵輪愛好者。對於郵輪旅行新手而言，挑選郵輪需要考量的，除了船公司和停泊港口，還有房型、天數及船的新舊。一般來説，郵輪如同星級飯店，有其客觀的評分標準，而各家郵輪的評鑑在網路都能找到，喊得出名號的船公司都能達到不錯以上的標準。

▶ 無窗內艙房價格最划算，陽臺房可享受海風

　　總體來説，決定時間和航段之後，郵輪本身新舊年分是重要參考指標。越新的船設備越新，也更容易有完全不同的遊戲區和活動規畫。基本上首航三年內的船都不會差，票價也會稍微高一些；若是舊船，但是最近才重新裝潢，也可以考慮。房型部分，如果以價格來説，沒有窗的內艙房最划算，但如果想要有海景，建議考慮陽臺房而非有窗的海景房，這是因為海景房的空間與內艙房幾無差異，窗戶都是密閉不能開啟，除了若有似無的天光，實在無法感受差別。如果想要有「住在海

1.搭乘陽臺房，起床吃早餐（兼看海餵海鷗），
是每天起床的動力。
2、3.早上起床會看到不一樣的風景，也是搭遊
輪的樂趣。

上」的感覺，多加一點錢住陽臺房，才有可能在房間享受海風。另外，有些船的內艙房另有玄機，像是皇家加勒比系列的船，如果住在主要活動甲板上層面朝內的艙房，雖然也是內艙房，但會朝船內的活動大道側開窗，在夢工廠遊行或主題舞會時就享有絕佳視野（當然也會比較吵），如果對這個有興趣，訂房時就要仔細查詢。

▶ 國外搭郵輪要注意價格

有幾個注意事項，首先是價錢，畢竟全家大小出遊所費不資。如果是從臺灣出發的郵輪，因為由旅行社承包招攬，價格浮動不致於太大，但若是打算出國搭郵輪，在郵輪旅行行之有年的地區，同一艘船同一房型

4. 歌詩達郵輪適合全家出遊（義大利薩沃納）。
5. 挑選一個好逛的離岸城市是遊輪行的加分選項（西班牙，巴賽隆納）。
6. 遊輪行可以輕鬆去平常不會考慮的親子遊目的地（西班牙，賽維亞）。

其價格的差異可以達到兩倍以上，所以最好訂閱 cruise.com 或其他郵輪相關訂票網站，這些網站在船公司推出新促銷時會發電郵通知會員，方便您等待理想時段航程的最優惠價格。通常出發前半年到一年，船票價格最實惠，但也可能在即將出航前搶到超低價。

▶ 咖啡酒類飲料要注意是否另外收費

對於第一次訂郵輪的人來説，可能會對「免小費」、「包酒水」、「享現金點數」這些促銷方式一頭霧水，這裡大致説明：

* **小費**：郵輪上雖然大體包吃包住，但上船後每日應付大約 10 到 15 美元一人的服務費，是在下船前一併收取結算。

* **包酒水**：除了自助餐廳裡提供的免費飲用水及軟性飲料（這個範圍取決於船公司），咖啡、現榨果汁或酒精性飲料是要收費的，有些收費不低。「包酒水」的促銷就是指船上任何酒吧的任何飲料，除另有説明者一律任點（帶小孩上船避開這個優惠比較不易心痛）。

* **現金點數**：船上的消費是以記帳卡記錄，下船時結算，所謂的「現金點數」就在拿到記帳卡（即您的房卡）時，卡內已經有若干金額贈送，某些促銷甚至可以送到五千美金的現金。

相同航段每家船公司的優惠時間和手法不盡相同，但與父母同艙的兒

童通常可以免費或是以很低的價格搭乘。推薦大家一些適合親子遊的郵輪：比如歌詩達郵輪，時常推出十八歲以下與父母同艙者免費的優惠；迪士尼郵輪，這光看船公司就知道非常適合兒童；而皇家加勒比的招牌活動，是夢工廠卡通人物陪吃早餐和每日遊行，其重視親子的程度也顯而易見。

▶ 「孩童俱樂部」語言服務大不同，丟包小孩前要注意

郵輪旅行最為人稱道的部分是免費送小孩去孩童俱樂部，不過幾個雷區還是要提醒您，從臺灣、大陸、新加坡、香港等地出航的郵輪，兒童俱樂部的老師們一定可以說中文，小朋友也以華語族群居多。但若是歐洲航線的郵輪，主要語言可能是義大利語，輔助語文則是法語，老師雖然可以說英文，但歐洲小朋友說英文者少，丟包小孩時請務必考量小孩的語文能力。

7. 帶家人上船，記得準備正式服裝一套，找美景留影（非常重要）！

　　再來，孩童俱樂部雖然對三歲（有些船則是兩歲）以上幼兒免費開放，但和 club med 度假村一樣，三歲以下的小孩想要送來，絕大部分是必須收費的。也不是每一間船公司的服務條件都相同，歐洲船公司大體都還保有「早上收小孩、陪吃陪玩帶到午夜」的「全天候免爸媽」服務，但美洲和亞洲的船公司就比較傾向「旅遊時小孩也要與父母同歡」的「家庭核心價值」，所以托孩服務不包含用餐，爸媽要帶孩子去吃飯，有些也規定一次只可以托兩小時，第三小時開始就要收費。選擇的時候請務必注意。

8. 郵輪沙龍照會成為很棒的紀念品。

　　搭乘郵輪的好處之一是方便認識其他家庭，因為同住一船，身家背景比較相近，不太需要因為萍水相逢而心有提防。如果彼此的小朋友可以玩在一處，父母們能好好聊天喝咖啡，那就是海上很悠哉的時光。尤其更適合原本的家庭好友攜家帶眷一起出遊，即使祖孫三代都很恰當，因為上船可聚下船可散，也不容易引起摩擦，此外各種年齡段的人在船上都能找到適合的活動，如果既想旅行又怕麻煩還想省錢，也不太介意郵輪旅行在各個城市停留的時間不足以深度認識當地，那就不失為一個好選擇。

　　至於最推薦的郵輪航段，當屬郵輪公司兵家必爭之地的地中海線，不管是東地中海或西地中海，航行的平穩度、停泊港口的精彩度，和服務的細緻度都最值得稱道。

9. 船上有各種表演，多多都很捧場。

9

PART
3

旅行地圖
與小旅伴的吉光片羽

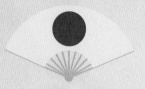

永遠的
日本

百分之八、九十的新手爸媽第一次帶孩子出國的地點就是日本。

飛行時數短，四季分明、食物口味相近、環境衛生乾淨、

安全不需擔心，還有許多大小皆宜的景點……

即使新加坡飛日本需要七個半小時，我也仍帶著我的小旅伴造訪多次。

超艱困一打一楓葉主題旅

多多一歲四個月

京都

1、2.楓紅是京都最漂亮的時節之一（東福寺）。

　　這趟意料之外的旅程，出於各種原因，差不多出發前十天才大致確定機票和旅伴。兩星期的時光中，大部分旅途只有嬰兒和我。

　　目的地是京都。

　　本來十天用來找住宿排行程不算困難，不過時節正是堪比櫻花季的楓紅旺季，這兩個季節的京都，容我說，是最漂亮、也最不是人去的地方。遊客多得能從街上滿出來。不要說景點，光是想在用餐時間找個地方好好吃飯都是難事。若非當地開民宿的京都樵女士，透過朋友輾轉聽說我帶著孩子找不到地方住，甚至找到了姬路去，於心不忍下，花了大力氣幫我找到可以短居的人家，恐怕這段旅行回想起來只剩在新幹線上來回奔波。

最麻煩的事解決，剩下的就是移動，因為這段時間的移動都不會有幫手。以荷包來看除非萬不得已，也不太可能選在機場搭計程車直奔飯店。然而從關西機場到京都的飯店，不管是最簡單的利木津巴士，還是最快的 JR 關空特急，都不能直達飯店，哪一種都無法避免人體移動下，解決之道只能是減少行李。

最後勒令體重三公斤的嬰兒車忍辱負重，駝上二十公斤的行李包，

▶ 旅行建議
行囊如何精簡及收納？

1. 輕薄貼身衣服可多帶，外衣三套替換綽綽有餘。防翻身的棉被衣還是備著，暖氣開一晚太乾燥，棉被衣有備無患。

2. 尿布、奶粉、副食品只帶三天分量，其他當地買。

3. 捨去硬殼行李箱，改用軟拖包，相同空間能裝的物件會更多。

4. 將衣物以捲起替代摺疊、零碎物品塞角落，能減少使用空間。

3. 忍辱負重的嬰兒車。

4. 嵐山寶嚴院，
推著嬰兒車散步。

再把多多君揹上身，我就可以順利前進了。

若是帶小孩去京都賞楓，幾點事情要注意：

一、吃

在日本，吃不是問題。但是在旺季，推著嬰兒車「最好要」錯開用餐時間。京都許多飲食店的座位狹小擁擠，空氣混濁。人多時若把嬰兒車停在餐廳外，也容易占用排隊空間。另外，不要進居酒屋。日本室內禁菸區規畫本來就聊備一格，居酒屋客人更是光明正大吞雲吐霧，帶著嬰兒還是敬謝不敏。

一、交通

搭地鐵時記得不讓位是日本民族性，先做好心理建設心情才不受影響。體力好的話可以學當地人進車廂前便把嬰兒抱起來綁身上，再把嬰兒車收起來。體力不好盡量在離峰時段搭車，這時間直接推嬰兒車上去也不會有人白眼。比較麻煩的是找電梯入口，一個車站通常只有一個出入口有升降梯，而地圖或標示上偶爾會找不到，要多費點心。公車雖是京都重要的交通工具，但推著嬰兒車上下很費力，建議可盡量以地鐵火車能到的地方為目標。京都亦是很適合散步的地方，邊走路邊和嬰兒談心，畫面也挺美的不是？

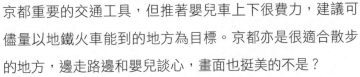

5.西本院寺,也算好遛
小孩的地方。
6.智積寺,算是可以放
手讓小孩跑的地方(請
忽略和服穿錯邊這件事,
是說這其實是棉被衣,
被找加大人的浴衣腰帶
綁起來而已)。

三、景點

　　雖然號稱楓紅第一盛景的東福寺擠著人肩膀去了，難得開放夜間參拜的清水寺也摸黑一路推著嬰兒車上山。琉璃光院、詩仙堂、嵯峨野小火車能不放過就不錯過。可是這些地方大部分時間都被人潮淹沒。坐在嬰兒車上的多多視野則絕大部分被臀部占據，小手伸出去隨便都可能摸下一兩個錢包。

　　慘痛經驗的心得是：絕對不要推嬰兒上清水寺賞夜楓。雖然嬰兒車推上去毫無問題，但是入寺後嬰兒車必須留置大門外，雖然是賞夜楓，千萬不要以為清水寺內燈火通明，實際情況是四處烏黑而人潮洶湧，光是顧小人兒不要走失都來不及，甚麼楓都可以不用看。

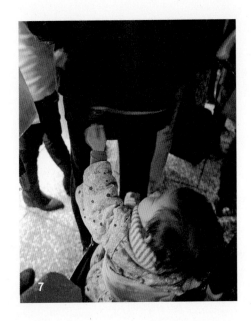

7

7. 在人群中的多多只能看到很多屁股，甚至一伸手就可以摸走好幾個錢包。

8. 人潮洶湧的清水寺賞夜楓。

> ▶ 溫馨提醒
> **賞楓建議到關西其他地區**
>
> 雖然楓紅櫻花十分吸引人，但如果攜幼童旅遊又希望舒服地欣賞，最好不要以京都為主要目標，關西地區諸如大阪、奈良、宇治都不壞，再不然東京也可以，您會輕鬆很多。

　　如果小人兒比較容易 high，最好也不要去琉璃光院。琉璃光院雖然很美，門票也很貴，和式拉門大半以玻璃代替紙。我已經為多多君繫上防走失繩，但仍然不斷受到僧侶們的重點關注。如果不想一直聽到「施主請拜託小心玻璃」這種話，就先別去了吧。老實說，或許這麼小的小孩並不真的適合去大部分寺廟，如果可以，讓他待在庭院區盡量跑跳就好。

四、天氣

最大的困難還是天氣。楓紅季遊客多到令人痛苦，若加上天候不佳更是雪上加霜。深秋的京都已寒涼，一下雨就非常麻煩。冷不說，雨天的京都能去的地方相當有限。旅程中約莫有五天陰雨。因此去了水族館，逛了商場和車站，咖啡館大部分不太歡迎嬰兒（連鎖除外，但也人滿為患），錦市場已經來來回回走了無數次（實在佩服百逛不厭的人）。萬般艱難中，終於無意間發現母子都享受的殺時間良方，那就是泡湯。

京都沒有溫泉，錢湯（付費的公共浴室）卻很多。起初是在細雨中不知該去何處，逃難似地進入路旁的大眾湯屋，不料自此開始京都母子遊的嶄新一頁。白胖胖的小兒在錢湯中非常受到歡迎，基本上不用管他，

9、10. 琉璃光院很美，但不太適合小孩。

這位也是路人甲。

9

10

自有熱心的阿姨姐姐奶奶們搶著當保母，從提醒我這個池太燙，要讓他泡那個池比較好，到乾脆接手帶著沖洗玩遊戲扶著他到處探索，無一不為。當母親的只要好好浸泡熱湯洗去疲乏，觀賞一群光溜溜的熱心保母帶自家也光屁股的小兒即可。多好！

11

11. 無奈來泡湯後，開啟京都嶄新的一頁。

推薦住宿

京都樵（民宿）

ⓕ https://www.facebook.com/linchiung.lin
（以臉書連繫）

屬於媽媽的任性

多多一歲七個月

東京

　　我對傳說中東京盛大的聖誕節燈飾非常嚮往，尤其對六本木可以同時見到東京鐵塔的「燈並木」充滿期待。

　　小時候曾經數次央求爸爸能不能在家裡放一棵聖誕樹？但老爸的東方腦袋沒有裝聖誕樹的位置，以至於從來沒有實現過。大概如此，我總是對聖誕節的一切都抱有好感。成家後可以隨意擺置居處了，又因為住在新加坡，熱得沒有過節的念頭。於是能在嚴冬裡欣賞專屬聖誕的熱鬧，就成為我一直期待的事。

1

1 東京街道布滿燈飾。
2 東京鐵塔的「燈並木」

▶ 旅行建議：
冬天到東京要如何穿搭？

冬季東京雖然寒冷，但室內都有暖氣，穿的裡幾層外幾層，出入之間脫衣就非常麻煩，也更容易感冒。最好特別注意頭臉手腳的保暖，身上的重點就是一件足夠分量的大外套，隨身再帶件輕薄小外套，以防室內暖氣不夠強的特殊狀況，便綽綽有餘。

「看燈只能在晚上，會不會太冷？」身為父親的那位還保有相當的理智，為了他在熱帶出生至今不識什麼叫寒冷的孩子擔心，不過做娘的卻覺得這些早晚要經歷，把該準備的衣物備好就不會有問題。

就這樣，幾個夜裡，兩大一小「流竄」在東京夜。更正確地說，應該是「流竄在東京夜的地底」，雖然帶著幼兒的旅行不應該趕場，這卻也有情非得已的時候。畢竟能觀看聖誕燈飾的時間怎麼提早也只能是傍晚六點後，而午夜十二點開始，許多地方已沒有地鐵了。換言之，如果算上晚飯耗去的時間，加上估計回飯店需要的路程，一天能用來看燈的餘

裕大約是四小時，這還要再扣掉搭乘地鐵、走路、擠在人群中找角度拍照的時間。算算所有想看的聖誕燈飾，一個晚上最少也要達標兩處才行。然而東京是大城，即使地圖上看起來再如何接近，點與點中仍要花費相當時間，於是不得不以打游擊的方式在人牆中拍到想拍的照片就趕赴下一目的地，結果花最多時間的地方就是在地鐵上奔波。故良心建議，景點不要貪多，一晚看一到兩處就好。

　　雖然東京已經要比京都方便很多，幾乎所有車站都有無障礙設備，但還是會有標示不夠清楚的時候，這時就必須多費心思找到正確的方向。一開始還不熟悉，許多轉車大站又實在很大，結果為了找電梯衝上衝下忙碌非常。第二天已經不耐煩推車的爹娘乾脆改換策略，入夜前將推車放回飯店，兩人輪流使用揹巾將多多抱在身上行走。如此方便是方便，但只要一上地鐵就會非常熱，因為不方便脫大衣，而嬰兒又是天生暖爐，綁在一起即使是冬夜也能讓人汗流浹背。再者錢多多君是一位頗具分量的重量級嬰兒，只一晚就能讓他爹娘累癱在床，難以起身。

3. 重量級多多，又是暖爐，綁在身上簡直快熱死了。

▶ 相模湖樂園冬季燈光秀

　　趕場的東京不足以讓小人兒享受燈光，但東京近郊的相模湖樂園卻可以。這座占地廣闊的老舊樂園，在每年冬季至初春，都會大手筆地變身成燈的世界。我們參訪的那年，樂園正是以五百萬盞燈為宣傳主軸。五百萬盞燈究竟是什麼概念？在腦中完全想像不出來。等到進入樂園，不要說沒有見識的多多小朋友睜大了雙眼興奮地咿咿呀呀，就是爸媽都說不出話來。樂園的每一處指標、每一個角落、每一條路徑，都由燈光打造指引，推著娃娃車就可以在燈光做成的花田小徑中漫步、看滿原野的燈做出海洋世界，種類之多足夠教多多認水母和小丑魚，再買一隻會閃閃發光的棒棒糖給他在穿越光之隧道時吃。

　　我們不用如在六本木時擔心他在人群中發生危險，安心地放他在燈光中跑跳，和我們進入光和鏡子做成的迷宮遊玩，在音樂和動態燈光合成的表演中大笑。多多君

4. 任何一個角落都用燈光打造。

第一次深切地知道了什麼是燈光的華美，而且自此之後如同母親一樣，
愛上了迷人的聖誕樹。

　　旅行過後，後遺症還深深殘留在新加坡的家中，我們家裡因此多出了
三大串能變換七種不同發亮方式的彩色小燈泡，而且自此後的每一年聖
誕，在沒有季節之分的新加坡家中，總會為多多（和媽媽），安置上一
棵發光的聖誕樹。

推薦景點

相模湖樂園

🏠 神奈川縣相模原市綠區若柳 1634

🕐 每日午後 16:00~21:30，但聖誕假期後只
在週末點燈，造訪前務必詳查。

🚌 從東京新宿搭 JR 中央線到相模湖駅，在車
站前 1 號巴士站轉搭巴士，共約 1 個多小
時可到，自駕需 50 分鐘。

$ 成人 1,000 日幣，3 歲以上兒童 700 日幣。

@ http://www.sagamiko-resort.jp/illumillion

註　燈祭時間：每年 11 月中到 4 月初。

6

5、6 由光鋪陳的花海。

7、8、9 物種非常豐富的海底世界。

富士五湖

與你泡溫泉的浪漫
多多一歲七個月

從新宿搭上高速巴士，多多君就非常興奮，大概因為巴士椅套上全是湯馬士小火車圖案吧？我一面笑多多沒見識，一面就忍不住為了即將看見的富士山興奮起來。

從新宿到富士山車站口的路程中瞄了幾眼富士急樂園，算是富士山的開場，等到下巴士進了車站，就看見清一色都是富士山圖樣的商品，小巧精緻或童趣稚拙，忍不住就掏錢買了小錢包和手帕，之後更點了有富士山形狀的魚板，等到魚板上桌，終於沒出息地小聲尖叫起來，頻頻拍照。這時換多多吃驚地看著沒見識的媽媽，大概在想：這平時不是我才會有的待遇嗎？

「能看到富士山嗎？」多爸希波先生問。沿路我已經不下三次地提醒過他，富士山是一位相當任性的先生，脾氣時常不好，能見到是運氣。車站是看不見富士山的，直到抵達正對著山的飯店門口，這才謎底揭曉！看來我們運氣絕佳，富士山先生今天心情很好呢！河口湖岸山清水秀，一葉輕舟在湖上划過，一絲雲霧也沒有。我們暫且不急著進房，光是坐在飯店大廳，夫妻倆人看富士山就看呆了。

富士五湖周遭的景點不少，離東京也很近，但這次也只是我第二次造訪富士山。上一次來河口湖，還是非常多年前和母親跟著旅行團來的。

▶ 旅行建議
富士五湖旅行規畫

富士五湖是搭配東京很好的旅遊點，但不建議帶小孩當日來回，最好規畫三天兩夜，比較輕鬆。在小孩還沒有大到可以去迪士尼的年紀時，來東京可以考慮排上這裡。前往方式除了高速巴士，也可以搭火車，雖然富士五湖有公車周遊，但到當地之後租車還是比較方便。

1. 運氣很好，富士山先生沒有和我們躲貓貓。
2. 在富士吟景，哪裡都能看到富士山。

3.忍野八海。
4.忍野村的湧泉水質清
如水晶。

5. 山中湖。
6. 山中湖上的天鵝船。

那年我才八歲，而且運氣不好，富士山沒有露面。這回托多多的福，才算第一次親眼看見了富士山。

富士山周邊有不少地方可去，不過我們已經學會把野心收小，行程中很少再有不去不行的地方，只在忍野村看了清如水晶的湧泉，吃被竹串穿過上火炭烤的岩魚，一個上午就已過去。

山中湖邊許多美麗的咖啡廳，都明文禁止了七歲或六歲以下的小孩子進去。這個沒辦法，大人去大人的地方，小孩去小孩的地方，在日本是不成文的慣例，也是挺好的約定俗成，只是身為觀光客有時難以遵守。我們去了一間沒有規定小小孩不能進入的店，裝潢少了幾分姿色，但能看見的景色別無二致。

　　山中湖中航行的天鵝船是有亮點，但美術館音樂盒之森才是我們花了最多時間的地方。不只是所收藏的音樂盒種類之豐讓人目瞪口呆，說真的，在園內租一件幼兒戲服一日才五百日幣，還可以搭配童話般的背景留影，只要是有小小孩的爸媽都會忍不住下手惡整一下孩子吧？

推薦景點

河口湖音樂盒之森美術館

⌂　富士河口湖町河口 3077-20

🕘　9:00~17:00；不定期休。

$　成人 1,500 日幣，高中大學生 1,000 日幣，中小學生 800 日幣。

@　https://kawaguchikomusicforest.jp/

註　官網常有折價券提供，休館日不定，造訪前請詳查。

7. 音樂盒之森的歐式建築。
8. 音樂盒之森可以租借小禮服，於是多多就……

7　　8

　　兩天裡去的地方並不多，因為我們總是趕著在日落前回飯店。下塌的飯店不只是大廳能看見富士山，房間裡也看得到，最特別的，是屋頂的露天溫泉更能毫無遮蔽地看見盛大的富士山景。因為文化使然，日本的溫泉或大眾浴池都歡迎小小孩，不管是男童女童，想要跟著父親或是母親入浴皆可（新加坡唯一的日式浴場就規定了孩童三歲以下不得進入，三歲以上也要按照性別分湯）（但聽到多爸說男湯有客人帶著十歲左右的小姊姊一起泡湯，感覺也有點微妙）。

　　帶著多多在富士山的俯瞰下舒服地浸入溫泉，風微天幽，透著蒸騰熱氣，已然有星子泛光。我總覺獨自泡湯有點無趣，與人泡又太坦誠相見。和孩子一起最好了，拿水輕潑，讓孩子坐腿上唱歌說話，有種肉貼著肉、血脈相連的緊密。這麼一點跳脫日常、珍貴美麗的幸福時光，我恐怕是唯一記得的人，然而帶著孩子旅行，所圖的不就是這點寶貴的記憶嗎？

9. 去泡湯！

▶ 溫馨提醒
帶小孩泡溫泉的注意事項

日本的溫泉大都歡迎孩童，為數不少的飯店溫泉設施中也會包含暫放嬰兒的嬰兒床及小玩具，但溫泉的水溫各異，父母還是要注意小孩能不能適應。小小孩自身的體溫調節不強，浸泡 3~5 分鐘內就要讓孩童起身一次，也要記得帶飲用水補充水分。

溫泉飯店訂房注意事項

小孩在溫泉飯店即使不占床位通常都還是需要付費，依飯店規定，是否附餐或床位價格都會有所不同，訂房時請您留心。另外，文中提到的飯店是號稱每個房間都能看到富士山的富士吟景，河口湖畔亦有其他美景飯店可供選擇。

10. 穿浴衣的多多。

兩歲娃的極限運動

多多滿兩歲

▶ 極限運動1：山路自己走

北海道的旅程從旭岳開始。

旭岳雖然是北海道第一高峰，然而這是一座可親的山，只需要帶著幼兒搭纜車，便可以俯瞰連綿山峰的美景。秋冬之際是整片銀白，直到隔年五月，坡上都還留有殘雪。一年只七八兩月可見高山花卉盛開，四處綠意盎然。我們一家三口搭著纜車直達一千六百公尺高的姿見湖終站，打算繞著車站看看野景便好。不過散步路上發現車站左近就有幾條步道指示，而且步道規畫良善，平整地鋪著木板，看起來整齊好走，不同步道標示上寫著的距離大約從〇·七公里到一·四公里不等，對幼兒來說也不算十分遠（吧？）。

1. 別人拿登山杖，我們提多多君。
2. 遇見小狐狸。

3

3. 旭岳夫妻池。

　　城市生活中幼兒需要雙腿的時間不多，除了 shopping mall，最多就是在聖淘沙走走，這應該算是多多君第一次「走入自然裡」。不過大概走了五分鐘，木板步道便進入盡頭，直接連上碎石遍布的山路。對成人來說依然沒甚麼困難，但對兩歲的多多卻還是太「自然」了一點。我們擔心著腳下崎嶇，然而小傢伙走得異常認真，彷彿路上一顆顆比他小腳掌還大的碎石頭不是一回事，邁著小步伐堅定地走著。我和多多爸希波先生輪流提拉他身上的小背包預防他跌倒（這個地方跌倒不是開玩笑啊），一面驚嘆地看著小人堅忍的毅力。

驚嘆的不只我們，路上交錯走過許多拿著手杖的登山者，大部分都忍不住看著多多君說：「這麼小就自己走太厲害了！」すごい（sugoi：厲害之意）之聲連連。小傢伙也爭氣得很，除了實在沒辦法自己走的路段，全程走得開心無比，最後還幸運地有野生小狐狸陪著走了一小段。我想起他一歲四個月時，也蹣跚跟著我上下一趟舊金山的九曲花道（全是樓梯），看起來能走長路，或許是多多的天賦耐力之一呢！

▶ 極限運動 2：泛舟大挑戰

在這充滿挑戰和不可思議的迷你登山行後，我們的北海道之旅彷彿解鎖般，開始屢屢出現幼兒不宜的活動。比如一開始根本不在計畫內的熱汽球，小傢伙完全高舉雙手興奮地登上高空；再來就是怎麼都沒想過的泛舟。孩子要幾歲大才可以玩泛舟？去北海道之前，我對這個問題的答案可能與您差不多。不過，北海道之後，我才知道，原來泛舟也可以很溫和、很適合兩歲大的小孩。

富良野一帶的空知川提供親子泛舟活動，本來只是抱著「未來儲備資訊」看看，不料資料上寫明滿兩歲的幼兒就能參加。如果是其他地方的規定大概還會懷疑一番，不過如果是日本，想必這樣的活動確實足夠安全。躍躍欲試的媽媽嘗試性地問了多多君「想不想坐船呀？」「要！」「可是要自己划，很累喔？」「要要！」於是敲板定案。

到現場和教練再三確認多多君的安全問題，心裡究竟是忐忑的，不過

雖然和旭岳登山道上一樣，多多君依然是現場年齡最小，但至少還有另一個大約十歲的男孩同船，令人稍感安慰。攝影狂父母為了怕自己分心不能好好照顧孩子，乾脆彼此規定不能帶相機，一路專心扛著橡皮艇前進空知川。上船後因為重量配置的關係，穿上救生背心的多多君並沒有被夾在大人之間，反而被安置在邊側，爸媽興奮又緊張，多多君本人倒是怡然自得，對第一次上小小船有種莫名的老神在在。

果然長達一個半小時的泛舟絕大部分都是平緩航行，橡皮艇上的印尼籍教練非常愛和多多君玩，大概看我們不太反對，便一直慫恿多多君將兩只小腳跨出艇外，面朝空知川。小傢伙居然照做了！還索性硬是伸長小短腿打水花，完全不懼水。期間也有幾次「偽激流狀態」，橡皮艇在高低差間快速衝下再進入平靜水面，還以為小小孩會因此開始上演驚聲尖叫，不過驚聲沒有，倒是不斷尖叫「還要還要」（附帶捉著教練擺手、小眼放光的哀求動作）。

一開始真的沒有想到北海道旅遊會這麼多采多姿！畢竟帶著一個剛剛滿兩歲的孩子，心中預想的是在北龍町百萬株向日葵花裡捉迷藏，在彩色花田外大吃哈密瓜冰淇淋，享受各色戶外小餐館咖啡廳，再去美瑛拍下各種

4. 為了保護多多的安全，我跟希波沒有帶相機，所以一張照片也沒有，僅有一張DM。

名樹，如此而已，完全符合爸媽的攝影癖和讓孩子徜徉大自然的目的。然而最後不但登山下水還升空，行程走調，基本上可以算是兩歲娃的極限運動之旅吧？

　旅行過後我用一種全新的目光審視我家的小小男子漢，原來小小的身體裡也可以蘊藏強大的能量與勇氣，感覺實在很微妙呀。在旅行期間讓小小孩做一些感覺「超出他們能力」的事，可以觀察他們在陌生環境的應對和潛力，不但很有趣，而且也很符合「旅行就是非日常」。

5. 北海道大雪之森花園。
6、7. 北龍町向日葵花田。
8. 四季旬彩農場。

9. 美瑛。
10. 七月尾八月初之前抵達美瑛，還能看見沒收割的麥浪。
11. 美瑛青池，是必去的拍照景點。

▶ 旅行建議

北海道推薦特色

北海道是非常適合親子遊的地點，特別推薦美瑛、富良野一帶的自駕遊，不但丘陵地形的景色十分優美，
農產品新鮮美味，而且也有很多戶外活動可以參加。

租車網：http://shiretoko-t.com/tw/

提供北海道熱汽球、泛舟、釣魚等活動資訊的網站：https://reurl.cc/A1EpXY

▶ 溫馨提醒
住宿點較少，儘早訂房

如果在夏日花季前往美瑛富良野，這區的住宿點比較少，且大部分為民宿，請務必要在出發前至少四個月開始規畫並訂房，否則很可能訂不到；如果臨時不能去也請一定要告知民宿取消。有時上日本的訂房網也可以找到獨特的住宿方式，我們在旭川就住了一晚露營車，非常有趣。

日本訂房網：https://www.jalan.net/

12、13. 北海道之夏。
14. 有一晚住在露營車內。

15

16

推薦景點

飛高高的熱氣球活動

在富良野搭熱氣球非常便宜,但是熱汽球是定點上下,並不移動。北海道的幾間度假村提供各種免費或付費活動,富良野王子大飯店就有提供熱氣球和纜車,知名的星野度假村也有營火、高爾夫球車漫遊、夜間生物探訪等等。如果實在懶得規畫行程,直接投宿在度假村是很方便的選擇。

富良野王子大飯店

@ https://www.princehotels.com/furano/zh-hant/

星野度假村

@ https://www.snowtomamu.jp/winter/zh/

同場加映

旭川動物園

🏠 旭川市東旭川町倉沼 11-18

🕐 9:30~17:15(營業時間依季節調整);不定期休。

💲 成人 820 日幣,中學生以下免費。

@ https://www.city.asahikawa.hokkaido.jp/
asahiyamazoo/

註 夏天炎熱,避開正午前後較好。冬天的企鵝遊行是大賣點,千萬不要錯過。

15. 準備搭熱氣球。
16. 眺望北海道風景(美瑛丘陵地形)。

恐怖的「遺失魔咒」

多多滿四歲

箱根

「多多不見了！」

　　永遠都記得那心跳快停止的五分鐘。多多在排隊人龍中消失，同行的四個大人兩個小孩都對他在哪裡沒有頭緒，而我們在日本，即使多多能說一點英文，恐怕也找不到人幫他。

　　事情的開始很溫馨。我和初中就認識的女朋友相約，兩家一同重訪十多年前我們曾一起共遊的箱根。當年女友還是非常忙碌的住院醫生，我也在工作上衝刺，兩個人特別約好要在旅行中幫對方拍下漂亮的相親照，一起為解決人生大事努力。結果她的相機卻不幸遺失在箱根，以至於旅行最深刻的回憶，就是女友臭著臉一路抱怨已拍好的相親照就此再見。

　　不過還好，我們都順利成婚，女友有了兩個可愛的寶貝女兒，而我有了多多。

　　「結果我們回了東京馬上去了秋葉原，就為立刻再買一臺相機。」在箱根溫泉旅館的和室房喝啤酒，我們當成笑資談了這一段往事。從前的兩個女生如今增添新血，兩位爸爸輪流起身去照看在起居間瘋狂玩火車轉圈圈的三個小孩。

　　「希望這次來箱根不會再掉什麼東西了。」談笑中我說。

　　箱根很適合全家大小旅遊，不只可以搭乘各種有趣的交通工具，許多

美術館也很適合孩子前往。不過關東的夏季非常熱，七月底，即使是地勢稍高的箱根，小朋友在戶外十五分鐘就熱到頂，吵著要去有冷氣的地方。為了貪涼，我們先去了高山區彷彿小油坑放大版的大湧谷，再為了冷氣去童話般的小王子博物館和看起來就很花俏的玻璃之森。

> ▶ 溫馨提醒
> ### 夏日出遊如何避暑？
>
> 夏季出遊最好隨身帶溼紙巾，幫孩子擦脖頸降溫，也要注意行程中最好穿插室內活動，以免孩子受不了。

1. 小王子博物館。

推薦景點

玻璃之森美術館

🏠 神奈川縣足柄下郡箱根町仙石原 940-48

🕐 10:00~17:30；無休。

💲 大人 1,500 日幣，高中大學生 1,100 日幣，中小學生 600 日幣，65 歲以上 1,400 日幣。

@ http://www.hakone-garasunomori.jp/

2. 玻璃之森。
3. 現場製作玻璃（玻璃之森）。
4、5、6. 玻璃蝴蝶、螞蟻、甲蟲。

　　小王子博物館面積不大，不久就關不住三個活潑的孩子。玻璃之森則完全是河口湖邊的音樂盒之森翻版，只是主題變成了各種玻璃製品。

　　箱根最不缺的就是美術館，如果繼續走討孩子歡心路線，東方快車美術館裡可以坐在「真正的東方快車」車廂裡的下午茶應該很對味。不過，只要想到得在高級車廂中費力安撫幾個小蘿蔔頭安安靜靜，就會覺得頭大無比。思來索去，蘆之湖畔乏人問津（這樣說真不好意思）的成川美術館就很不壞，能好好欣賞少人觀訪的日本畫作，然後在坐擁湖景的附設咖啡館賞湖閒話，發派孩子們一人一份蛋糕飲料，讓他們看著湖上來去的大船，也足夠讓他們安靜幾分鐘。

　　然而這個決定讓我們經歷了此生最可怕的五分鐘。

　　前往成川美術館的最佳方式是搭著海盜船穿過蘆之湖，而蘆之湖上的船總是班班爆滿，由於排隊上船的人相當多，小孩不耐煩排隊，竄出去玩隊伍旁的裝飾舵輪，因為才兩步之遙，又有兩個小姊姊在旁一起玩，就大意疏忽了。不料才轉身沒盯著看三十秒，再回頭，小孩群裡就不見了多多。「多多呢？」我問小姊姊，兩個小女生都說不知道，四處都是人，我也望不見個子矮小的多多。先生這時才從談天中醒覺，開始四處搜尋。想到多多完全不會日文，我感覺心臟都要揪起，腦中立刻開始分析：我多久不見多多？三十秒的時間多多能走多遠？如果被人抱走多多又沒掙扎，以多多二十公斤的體重，能跑多遠？若是多多自己走失，他最可能去哪？為了防堵現場，哪裡應該要先找？

7. 多多在這裡不見了！

8. 被狠狠教訓後笑不出來（海盜船上）。

▶ 溫馨提醒：

小孩走失怎麼辦？

小孩在國外走失絕對是噩夢！建議還是要使用遛小孩繩並且教育他們一旦走丟，要大叫，並原地等候。團體旅遊時尤其要特別注意，父母容易因為同行人多，產生「照顧者眾」而放鬆的心態，反而最容易出意外。夫妻之間最好一方要處理事務前先行提醒對方顧孩子，以免疏漏。如果孩子真的走失，請放下面子，張口大叫，讓周遭的人都知道你丟了孩子。語言不通就不斷重複簡單英文句，配合找尋的動作，現場的人就會明白。

因為從小訓練多多不要怕生，所以多多君確實成為太有安全感而非常不懂得害怕的孩子，因此小小孩時我都會使用防走失繩，這次因為已經四歲，日本相對安全，又有兩個小姊姊陪同，一時稍微鬆懈，人就不見。除了立刻大聲呼叫多多，同時判斷位於地下室的碼頭三面皆水，小孩若在此區一定會被找到，所以首先衝上地面樓層確認防堵。朋友則去找工作人員幫忙。在度過此生最漫長的五分鐘之後，錢多多才由碼頭上穿著制服的船掌小姐領回來。原來他等得不耐煩，逕自跑到碼頭上去看大船了。

我一路坐船直到成川美術館氣都沒消，又是陣陣後怕。肇事者錢多多被抓來再三教育，可還是一臉懵懂。這下我算是徹底體認到小說中父母遇到孩子調皮帶來凶險，最後平安歸來的各色情緒。

唉，箱根果然有遺失魔咒啊。

9. 皮小孩問題多。

推薦景點

成川美術館

🏠 神奈川縣足柄下郡箱根町元箱根 570 番

🕐 9:00~17:00；無休。

$ 成人 1,300 日幣，中學生以下 600 日幣。（官網購買有優惠）

@ http://www.narukawamuseum.co.jp/

註 成川美術館主要珍藏日式畫作，館內寬敞，畫作雖然數量和品質都很可觀，但最有名的是附設咖啡廳內的窗景，可以一覽蘆之湖。造訪時請留下喝杯咖啡的餘裕，也可以點一杯特別的藍色啤酒。

10. 成川美術館。
11. 三小看湖吃點心
（成川美術館）。

訓練大胃王的自然知旅

多多四歲二個月

日本東北

「你真的還要嗎？」「還要！」

我和多多爸放下碗筷，開始有點擔心地看著小傢伙。

盛岡有幾樣讓人記憶深刻的特色，其一是在《追櫻》一書提過的石割櫻和小岩井農場一本櫻，再來就是盛岡三大麵：冷麵、炸醬麵和小碗麵。其中，我只剩下小碗麵還沒有嘗試過。多多恰好是一個非常喜歡麵的小孩，所以在陪多多爸來東北出差的旅程中，專程前往盛岡，就是為了吃小碗麵。

小碗麵指的是蕎麥麵。盛岡本地有以蕎麥麵待客的習慣，但若碰上節慶，客人眾多，鍋子的大小不足以一次煮完全部分量，禮節上又不方便有進食的先後順序，這時就會乾脆以小碗同時分食，再持續煮麵招待。久而久之，這個習慣變成當地特色，發展出一種由服務生在旁邊專門一勺一勺舀麵倒進小碗的食用方式。一碗大約只有一口分量，吃下後只要嘴一離開碗，服務生就會迅速「咻」地再舀一勺麵扔進碗內。據說如果來不及蓋上蓋子表示：「我夠了，別再來！」，蕎麥麵就會「咻咻咻」地一直掉進碗裡，吃的時候旁邊還會有人呼呼喝喝地加油。這種聽上去充滿戲劇張力熱鬧無比的吃麵方式，小孩應該完全無法抗拒。聽日本朋友說，也有許多家庭每年都會專程帶自家兒子去這種專門的小碗麵餐廳，一年年留下證明吃掉幾碗的店家紀錄，彷彿某種儀式。

2. 猊鼻溪遊船。
3. 猊鼻溪的遊船十分
特別，需脫下鞋子盤
坐在船板。

於是，在旅程去了有茅草屋頂的大內宿，坐了犾鼻溪上要脫下鞋子盤腿坐在船板上的小舟，觀賞入選日本百景的河谷，當然也坐了松島遊船、搭了公車逛了一圈十和田湖，還特別去摘了季節限定的藍莓（一年只開放一個月採摘），補足生活在新加坡極度缺乏的大自然洗禮，我們終於來到小碗麵專門店，接受大胃王的入門訓練。

　多多一進餐廳就用一種不可思議的眼光欣賞食客桌上堆成山的小紅碗。「想吃嗎？」我問他。「想！」多多君轉頭大聲說，眼睛滿是興奮的閃爍亮光，看起來想吃得要命。而這個想吃得要命的態勢果然一直持續到麵上桌，小人開始以一種「四歲的拚命三郎」架式開吃。我和多多爸一邊欣賞他的吃相，一邊慢條斯理地搭配各種佐料吃麵。麵的味道還算不錯，但是如果看到多多不顧一切的吃法，被視覺影響，感覺上美味度馬上提升。這傢伙狂吃的程度誇張到不僅不需要配料變換口味，連一般會倒掉以免占胃的湯汁都喝得乾乾淨淨。

　明明是第一次吃，動作卻很老練，幾口扒掉一碗麵後，就會仰頭睜大眼睛眼巴巴地盯著服務的大姊姊說還要。等到麵一入碗立馬埋頭苦吃，迫切的程度足以讓路人以為我們餓了他幾頓。

　等到大人都停下了，怕他吃壞肚子一直阻止，小傢伙還是又吃了兩碗才肯戀戀不捨地收手，最後獲得一面吃掉三十碗（據服務生所說，相當於兩碗一般正常分量的麵）的紀念木牌。

如此，我收集了石割櫻和一本櫻，又吃過了三大麵，正準備志得意滿地說盛岡至此已經可以從旅遊名單中移除時，多多君拉拉我，大聲說：「媽媽我明天還要來吃！」

▶ 鄉野風光，體驗自然與生態

日本東北感覺比較不適合小小孩旅遊，確實，如果都是健行觀景的行程，大部分的小孩恐怕受不了。但事實上，只要透過鐵路，就可以讓孩子舒適地面對大自然，同時也能教育孩子生態相關的知識。多多此時已經足夠大，可以了解猊鼻溪裡的魚就是邊上飲食店的烤魚，讓我們深入解釋食物鏈的概念。採水果活動也能讓孩子清楚認知食物從哪裡來。這些本來就是孩子熟悉的日常生活，在更進一步了解的同時，也是有趣的體驗。

5、6. 現在才知道藍莓長樹上（母子都長知識了）。

　　各國食物有所不同，為這個年紀的小孩介紹當地特色食物，由此作為了解不同文化的切口，可以加強旅行的廣度和深度。東北旅行中，除了小碗麵，多多也試了米棒火鍋和稻庭烏龍麵，並且深印腦海，直到現在都記得那個「用小碗吃很多」的麵。

　　最後，日本是鐵道發達的國家，就算沒有安排特別活動，光是搭乘各種不同的火車，也足以讓這個年紀的小孩興奮不已。如果有志想去日本東北尋幽訪勝，只要規畫得宜，一樣可以闔家同樂。

7

8

7. 角館車站。
8. 也去了福島塔厓,多多一點也不覺得東北無聊。

▶ 東北鄉土料理

盛岡三大麵：冷麵、炸醬麵和小碗麵

冷麵是二戰後留在日本的韓國人所發明，麵條呈半透明，搭配泡菜、牛骨高湯食用，口感很清爽，隨著不同季節還會加上當季水果一同食用。源自於中國東北的炸醬麵，傳來日本後使用仙台味噌調味，麵條也改換成近烏龍麵的麵條，味道濃郁。小碗麵則為用小碗盛裝的蕎麥麵，每一碗僅一口分量，搭配海苔、芥末調配的醬料食用。

稻庭烏龍麵

產於秋田縣稻庭地區的稻庭烏龍麵，為日本三大烏龍麵之一，外型呈扁平狀，比一般烏龍麵要細一些，製作過程會不斷反覆揉麵，所以吃起來嚼勁十足。

米棒火鍋

秋田縣最具代表性的鄉土料理，將秋田米揉捏串在杉木上後烘烤到焦脆，再丟入火鍋煮。火鍋的湯底是用雞湯熬煮而成。

推薦美食

東家小碗麵

🏠 盛岡站前街 8-11（東家站前店）

🕐 11:00~20:00

$ 成人 2,700~3,400 日幣，孩童 760 日幣。

@ https://wankosoba.jp/tw/wankosoba/（中文官網）

註 東家共有四間店，站前店的位置最方便，最有氣氛的則是較遠的總店。

氣候常夏、物價便宜的東南亞，距離臺灣不遠，又有孩子最愛的美麗沙灘，
爸媽最需要的舒適按摩和各色購物，更不缺乏高檔住宿和新奇玩法，
夏能戲水，冬可避寒，香港的迪士尼、印尼的巴里島、
泰國的曼谷清邁華欣、新加坡的聖淘沙，任君選擇。

東南亞
不思議

新手父母的中場休息

多多八個月

巴里島

「呼，我們居然沒有早點想到可以來這裡度假。」希波回頭看我，輕
聲說。

彼時我們剛成為父母八個月，真正全家團聚在新加坡的家中的時間是
三個月，也就是說，希波還在適應生活中有個嬰兒這件事，我也剛開始
習慣除了照顧孩子，生活中的食衣住行也要自理，再沒有娘家父母的幫
忙。所幸，多多是個討喜的嬰兒，許多新手爸媽經歷過的手忙腳亂夜不
成眠，都極少在我們身上發生，多多為我們的生活帶來許多樂趣，一時
之間，生活的全部焦點都在這個九公斤重的小人身上，我們享受著所有
屬於父母的驕傲。

這之中，難免稍稍忘掉了自己與彼此。於是有了巴里島之行，想著這
個以 villa 著稱的島，應該可以幫助我們兼顧。

嚴格來說，這一趟是我們帶著多多真正踏出舒適圈的親子旅遊，即使
有著足夠自信，也還是會對旅行中首次閃亮登場的嬰兒感到不確定。我
在旅行箱中塞了足夠天數的奶粉尿布副食品，了悟到如果不思考怎麼縮
小必要物品體積，未來一年的單趟旅行天數恐怕很難超過五天。這大概
直接導致了後來幾趟旅行都以容易購買到補給品的日本為目的地。

以放鬆為名的旅行並沒有安排行程，先是在烏布待了兩天，什麼也沒
做，光是吸納山林間的芬多精。擺脫了一日料理三餐外加副食品的擔
子，放多多在無邊際泳池裡舒展手腳。這期間我重新拾起拍攝周遭景物

的興趣，終於將拍攝的對象擴及到多多以外的事物。雖然背著大嬰兒在身上同時還要拿著單眼相機拍攝，並不能說是一件輕鬆的事，可是透過鏡頭，能有輕柔的療癒，舊日單身氣息一點點回復，我再度感覺，我是我自己，不只是一個新手媽媽。

這個年紀的嬰兒需要母親的時間仍然很多，因此多多的出現對希波的衝擊在這時還沒有真正發酵，然而他也很享受對話中不再只有多多，可以好好放鬆的珍貴時間。

當然，如果想要完全放鬆，最好能悠閒地做個按摩舒壓。希波把握時間展現對太太的愛護，一手包攬下照顧多多的重責大任，這可以算是他

1. 巴里島的高級餐廳價格可以接受，帶孩子來也不會被拒絕，兒童裝備還很高級，很值得一試（金巴蘭四季飯店）。

2、3. 金巴蘭海灘。

在沒有我的監看下，長時間單獨與多多相處的開始，而且感覺起來對父親而言，這似乎也是彌足珍貴的父子時間。巴里島回來後沒有多久，我家就開始實行「媽媽的任性時光」，在週末挑一天或半天，我自己一個人可以決定去好好看場電影、喝咖啡，或是逛街和朋友小聚，而讓希波決定他和兒子要做什麼，這對完全沒有後援的我們來說非常重要。這些年中有幾次我必須獨個返臺處理事務時，希波可以完全沒有困難地挑起照顧的擔子，甚至比我還要能陪多多遊戲，追根究柢，可能正要感謝這次旅行所創造的開端。

這也是我第一次好好觀察多多君對這個還陌生的世界所擁抱的好奇與友善。我發現多多是喜歡和各種人相處的孩子，同時得出印尼人太喜歡孩子的結論（這點確實是事實）。

4、5. 不一定非要 Villa，找一間很美的飯店窩著也很棒。

雖然後兩天住在肉桂飯店高級 villa 的體驗令人印象深刻，在屬於自己
的私人泳池裡一家三口一起裸泳大解放的機會也十分難得，但印象最深
的，還是沙灘上的時光。巴里島上大多數公眾沙灘的狀況都比較差，但
若是在飯店的私人沙灘，就可以放心地讓多多下去玩。八個月大的嬰孩
還不懂得抗拒沙灘，對於軟軟沉沉的沙子有著天然的好奇（到會走路時
就可能會有一段時期懼怕光腳走在沙上），爬在鋪著的海灘巾上，可以
自己玩好久。新手爸媽兩人可以同時放鬆地躺在沙灘上，不用擔心孩子，
喝著沁涼的飲料，點一些 finger food，聽海風，聊夢想，彷彿從前甜蜜
的約會，同時卻還可以享受軟綿綿的小團子多多隨時撲上身咿咿唔唔。

這就是新手爸媽可以有的最好的假期了。

▶ 溫馨提醒
帶嬰兒去巴里島注意事項

巴里島上比較不容易找到適合的嬰兒副食品，最好還是自備比較保險。
建議嬰兒的食用水，包含泡奶粉的水在內，還是使用礦泉水較佳。此
外，許多飯店都有保母服務，通常需要額外付費，價格約 1 小時 10 美
金上下，如果您是屬於不容易緊張的父母，SPA 或按摩時也可以讓工作
人員幫忙帶小孩，通常不用額外付費，不過太小的嬰兒或許不太適合。

親子遊行不行？

多多三歲半

　　單身時，曼谷是工作繁忙之際可以抽出幾天放鬆身心的地方，飯店價廉物美，移動交通方便，食物要比巴里島合口味，按摩的水準都不錯，想自己去哪走走也很方便。總體上雖然沒有巴里島休閒，但對不想把大把時間全花在 villa 裡的旅人來說，是很好的選擇。不過，如果是親子遊呢？

　　和旅居新加坡的朋友一家規畫旅行時，因為地緣關係，曼谷雀屏中選，八天下來兩家人玩得都很開心，小不方便之處當然也有，但瑕不掩瑜。稍微整理幾個去曼谷之前自己心中有的疑惑，或許也可以幫助對曼谷親子行感到疑惑的爸媽。

1

▶ 去曼谷適合帶娃娃車嗎？

　　推嬰兒車行走不算方便，但比香港好一些。大眾交通工具方面，如果不介意推嬰兒車上電扶梯，大部分的捷運站都算能夠上下，比香港強的是計程車資便宜，叫 uber 也很方便，如果攜家帶眷，不妨花錢買舒適，當然，切記要避開交通顛峰時搭計程車，曼谷的塞車情況相當嚴重。如果不打算依靠計程車，最好攜帶輕便的傘車，因為需要抱起小孩的機會也許不少，要有心理準備。另外，曼谷的嘟嘟車是很有趣的交通方式，對孩子來說也是觀光遊樂的一部分，但太小的嬰孩就不建議，嘟嘟車太顛簸，安全性也不夠，此外，嘟嘟車對外國人的要價一般比計程車高，價格紊亂，並不適合成為交通的主力。

1. 曼谷也不是一個推嬰兒車很方便的地方。
2. 嘟嘟車不算最方便的交通工具，但絕對最受小孩歡迎。

2

3. 彷彿室內小人國的遊樂場（雪世界）。
4. 雪世界內並不冷穿薄外套就可以。
5. 位在地下樓的曼谷海洋世界，很神奇還可以搭小船看魚。

推薦景點

Sea Life Bangkok（曼谷海洋世界）

🏠 Siam Paragon Building, B1- B2 Floor 991 Rama I Rd, Pathum Wan, Pathum Wan District, Bangkok

🕐 10:00~21:00

$ 門票：單買約 1,000 泰幣，各種聯合票券，可視需求購買。

@ https://www.sealifebangkok.com/

註 館中可搭小船，如要搭乘最好在購買門票時註明。未滿 3 歲免費，
但須出示證件。

▶ 有沒有適合小孩的景點？

對小孩來說，許多大型購物中心內的育樂中心就很能打發時間，比如以人工雪堆造的雪世界（Snow Town Bangkok）、類似大型小孩遊戲區的 Molly Fantasy Kidzooona Park，或要價高昂的飛行模擬體驗，都很有娛樂小孩的效果，但是價格合宜、地點方便、足夠娛樂闔家大小的，要首推水生館：曼谷海洋世界（Sea Life Bangkok）。這座水生館除了一般的魚類觀賞，也可以搭小船近距離看魚，對孩子的吸引力很足。因為位於購物中心的地下樓層，設計上也別出心裁，大人也能嘖嘖稱奇。附帶一提的是機器人餐廳「春」（Hajime Robot Restaurant），地點雖然比較偏，附近也沒有有趣的景點，不過食物（火鍋）還可以，機器人很有趣，在此安排一次晚餐無傷大雅，孩子也會吃得開心。三歲半曾造訪的多多君，即使到了五歲都還會提到機器人餐廳，可見印象之深刻。

▶ 經典的曼谷行程適合小孩嗎？

最經典的曼谷行程莫過於水上市場以及美功鐵道市場（Maeklong Railway Market）。水上市場的話，不管是幾歲的小孩都會覺得有趣，丹能莎朵水上市場（Damnoen Saduak Floating Market）最為人熟知，其部分河道緊窄，主要的觀光點就是坐手搖船。如果孩子稍大，坐手搖船時可以讓他試著和船家買些小東西交易，會是很特別的體驗。然而也因為河道緊窄，請千萬注意小孩的手不能抓在船緣，以免船隻交會時擦撞到手指，會有受傷的疑慮。安帕瓦水上市場（Amphawa Floating

6、7. 水上市場河道緊窄，請千萬注意小孩的手不能抓在船緣，以免擦撞傷（丹能莎朵水上市場）。
8. 安帕瓦水上市場。

Market）時常和美功鐵道一起為熱門一日行的包套，氣氛上比丹能莎朵要悠閒一些，當地人也比較多一些。雖然也可以乘坐手搖船，但更好的遊樂法是挑一間臨河的餐廳咖啡館好好坐下來賞景。這個市場的動線比較清楚，也比較適合孩子走逛。此外，此處有乘船夜觀螢火蟲的活動，螢火蟲原則上一年四季都有，但是多寡不定。我們在不是季節的一月前往，也能看到一些。這裡是多多君至今仍然記得「搭船看螢火蟲」的地方，可見是很適合孩子參加的活動。

美功鐵道是一個比較難評論的景點。如果孩子夠大，有足夠的耐性等待，也不至於在擁擠的人群中發生危險，那麼是可以嘗試讓他看看另一種生活景象。但是因為「火車來就收攤子，火車一走立刻把攤子攤到軌道上」的景象只限於短短的鐵道兩側，而兩側本就有店家，因此實際能容納人站立的空間非常有限，可是遊客非常多，如果想要親眼看到奇景，必須提早一個小時搶位，而且人群的擁擠程度之誇張，實在不適合太小的小孩。如果是參加包套行程不得不去，這段時間除了逛市場，可

9. 等到火車快到時這邊就會站滿了人,很恐怖(美功車站)。
10. 湄南河上晚餐。
11. 天使劇場外是泰國文化村,看秀之前可以先來逛逛。

以在車站旁坐渡船過美功河,看看對岸在地人的生活。

　　水上市場雖然都可以自行搭乘 mini van（休旅車）抵達,但是路線錯綜複雜,語言不通的情況下抵達後要找船家殺價搭船也不方便,最好還是參加一日行或半日行。順帶一提,晚餐柚木船遊湄南河的活動多半配有傳統歌舞表演,兩岸地標夜景優美,涼風習習,食物亦很不壞,也很推薦。

▶ 有沒有適合孩子的觀賞活動?

　　這個必須要推薦暹羅天使劇場（Siam Niramit）。天使劇場是世界金氏記錄最大的室內場景劇場,所表演的內容是以戲劇、音樂及舞蹈闡述泰國歷史、信仰和節日慶典。初看說明時會擔心三歲孩子不耐久坐,嫌內容無聊,沒想到因為舞臺巨大、演員眾多、特效十足,連大象都踏上舞臺,即使完全不懂內容也能看得津津有味。劇場所在地是泰國文化

11

推薦景點

Siam Niramit（暹羅天使劇場）

⌂ 19 Thiam Ruam Mit Rd, Huai Khwang, Bangkok

🕐 每晚 20:00 開始。

$ 1500 泰幣，可另外加購晚餐。在 klook 等平臺購買，較為優惠。

@ https://www.siamniramit.com/

註 建議傍晚 5 點抵達，劇場外為泰國文化村，也可以帶孩子走逛。

村，戶外區域有傳統泰式建築和表演，也有體驗活動和小船可以乘坐，可以提早三小時先玩戶外區，再看晚上的表演。另外，亂打秀雖然是起源自韓國的表演，但在曼谷也看得到，這是完全無對話，純粹靠各種敲擊、肢體動作、音樂和表情的表演，連同行朋友的兩歲女兒都看得津津有味，小身體學著敲打搖擺，很適合排入親子行程。如果是年紀比較大的孩子，或許也可以考慮表演性質比較強的泰拳。

▶ 帶著孩子要怎麼去按摩？

老實說這是我自己去泰國最想做的事。但是帶著小小孩怎麼辦呢？為此苦惱的人可能不少。經過實驗，親子行也是可

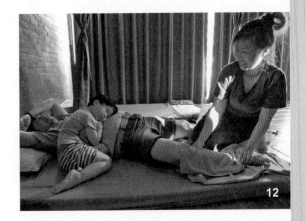

12. 帶孩子也是可以按摩的（多多睡死中）。

12

以排入按摩的。一個方法是不事先訂位，直接觀察孩子精神狀況，一旦發現孩子玩累了，就立刻找 SPA 進入，這時候只要哄哄孩子，孩子多半可以入睡，等您按摩完，孩子也充電完畢，正好進行下個活動。第二個方式是分開行動，當孩子們進行雪世界之類位於購物中心的行程時，可以只由一位成人陪玩，另一個爸 / 媽就可以脫身按摩；夜裡孩子入睡後輪流去按摩也是一種方法。

▶ 有甚麼需要特別注意的部分？

廁所的部分，在市區時不用擔心，廁所的狀況不會太差，但是如果參加水上市場之類曼谷市郊的活動，情況就不能保證。男孩或許還好，如果是女孩，衛生狀況不佳可能會產生排斥進而憋尿。所以行前務必要教育孩子，隨身也要攜帶衛生紙和溼紙巾。如果是在尿布可包可不包的年紀，建議還是隨身準備尿布以防萬一。

另外陽光強烈的地方要記得為孩子準備太陽眼鏡，因為蚊蟲多，也要帶防蚊用品。

以我個人的經驗，我們在曼谷玩了八天的時間，除了參加一天半的兩個水上市場行程，其餘時間都在曼谷，連想去華欣或大城都沒有辦法抽出時間。可見曼谷的多元和有趣程度。時過一年半，多多至今都還記得某些行程，因此總體來說，曼谷是很適合親子旅遊的地方呢。

危險的三角地帶

多多四歲四個月

多多樂呵呵地低頭看著，站在海水中的他四周都是像糖果一樣漂亮的熱帶魚，水很淺，清透得如同水晶，魚兒的鮮活游動能看得清清楚楚。當然，如果把頭伸進水下，看到的會更不一樣。

多多君雖然喜歡玩水，對小魚饒有興趣，然而對把頭浸入水中這回事，有著陸生物種的原始恐懼。為了這次浮潛，我們早已買了小人專屬的面鏡和呼吸管，也在泳池訓練幾次，多多已經進步到願意戴著裝備把頭放進水裡一下下，確認用嘴巴呼吸是可行的，把眼睛睜開確實可以看到泳池底也不會進水，所以還沒有到海邊時這傢伙已經急吼吼戴好配備。但腳一放進海水勇氣就消融無蹤，怎麼都不肯把頭低下，稍微強迫就放聲大哭，

我沒有堅持，裝備買了以後也可以用，旅行畢竟是出來玩。雖然覺得可惜，但是算了，許多浮潛活動規定年紀要六歲以上才能參加，應該也是有其道理。於是看著多多既不肯潛進水裡，又不肯脫掉面鏡，戴著罩住大半張臉的面鏡站在海中欷欷地看魚發笑的傻樣。不一會面鏡起霧，本來打算幫他取下的，瞄到他的眼睛，我停了手。

> ▶ 溫馨提醒
> ### 從事海上活動注意事項
> 芭達雅的海上活動很有名，不過如果小小孩想要嘗試，最好自備呼吸管和面鏡，一來尺寸較適合，再來也比較乾淨。芭達雅交通不算方便，最好是自駕或包車。

旅行前一天，多多大約在睡夢中揉眼睛時不慎刮破了眼角皮膚，出了一點血。因為傷口極小，位置不好擦藥，再說多多刮傷自己也不是頭一回，沒有人把這當回事，看看都快結疤就算了。可是旅行兩天過去，結疤沒有落，感覺上有緩緩擴大的態勢。「還是不要碰海水好了」我心想。

接著，隔天去抱了老虎。

多多非常喜歡動物，本來只打算讓他抱著小老虎餵奶喝，結果看到可以和大老虎拍照，多多就吵著去，偏偏爸爸怕老虎，只好媽媽陪著拍。越拍，心頭越是焦躁。多多眼角傷口似乎要掉痂，可是旁邊明明沒有受傷的部分起了新的紅斑點，雖然小，但看起來有一點潰爛。新傷加舊傷的範圍最多不超過一米粒，我一邊覺得這麼小不算什麼事，一邊卻又因為傷口實在太靠近眼睛而擔心。心頭越來越焦躁，口氣越來越不耐，看到多多拿手去碰不管臉上哪個部位就要開口罵人。

「我想帶他去看醫生。」終於忍不住。

希波不反對，不過在人地不熟的芭達雅，一無所知地去看醫生好嗎？何況，看起來真的沒那麼嚴重，小孩也活蹦亂跳。我乾脆拿手機拍照發給醫生女友問診，求個心安。

1. 看多多摸大老虎，我心裡只想
著等下要用酒精幫他消毒傷口。
2. 泰國阿伯不嫌棄多多的傷口，
照樣和他玩得很開心（然後轉過
來問我他眼睛怎麼了？）

推薦景點

Sriracha Tiger Zoo（是拉差龍虎園）

能夠親近老虎的老虎園提供和大老虎拍照與餵奶虎的
活動，足夠讓愛現的小孩（如多多）吹噓好幾天，但
需考量高溫炎熱和衛生方面的問題。

🏠 341 หมู่ที่ 3 Si Racha District, Chon Buri 20230

🕐 8:00~18:00

$ 成人 450 泰幣，孩童 250 泰幣。

@ https://www.tigerzoo.com/

▶ 溫馨提醒
異地該怎麼就醫？

旅遊保險是必要的。如果旅遊次數頻繁，也
可以選擇一次保一年。需要找醫院時，可以
尋求當地人推薦適合的醫院，如果一時找不
到人詢問，google 上評價良好的大醫院就
可以優先考慮。小孩身上的小傷口需注意，
雖然大部分都會自然痊癒，但如果遭逢細菌
感染，有可能會讓皮膚莫名潰爛，若施打抗
生素後仍不見效就要儘速就醫。

　　「趕快帶去看醫生！皮膚有傷口就很難講會有什麼細菌感染，傷口看起來要有膿了，如果是其他地方還好，但是眼鼻的危險三角帶很靠近大腦，一旦感染過去就麻煩了，所以一定要立刻看醫生！你們就在當地看，請醫生開抗生素，當地有的細菌別的地方不一定有啊。」

　　看到回覆當下就立刻 google 醫院，找到評價良好距離不遠的醫院立刻前往。雖然語言不通制度不懂，不過抱著孩子指指眼睛，護士馬上就幫忙安排了眼科醫生。「應該是皮膚的問題。」我說。不過護士表示，傷口很靠近眼睛，要先確認眼睛沒有感染才轉去皮膚科。

　　一切進行得很順利，眼科醫生說眼睛只有輕微發炎；皮膚科醫師確診說是細菌感染，大概因為帶著傷口在東南亞玩，一時不注意就感染了。開了廣效抗生素，如果能對付這種細菌，應該能迅速見效，如果反應不良，就必須要再來看診（雖說我們當天就要離開芭達雅）。看診的順利和醫院的美觀清潔都在意料之外，雖然醫生和我們的英文程度都還能溝通。但為預防萬一，醫院還是找了中文翻譯來，醫療費用折合臺幣大約五千，花費時間則約一個半小時。

　　等到了真理聖殿時，纏煩幾天的焦躁已經悄然遠去，雖然還要觀察抗生素的藥效，但前路大明，怎麼說都算脫離一無所知的困惑不安。我已經可以平靜地坐著小船喝椰子水，看多多君拿椰子肉餵魚，也終於笑得出來了。

3. 真理聖殿。

推薦景點

真理聖殿

真理聖殿是一座建造中的大型木造寺廟，雕刻精美，占地廣大，非常值得參觀，四周的景色優美，也有許多配套的旅遊活動，如騎馬乘船等等。雖然位置比較偏遠，但很適合做為親子遊的地點。

🏠 206/2 หมู่ที่ 5 ถนน Pattaya-Naklua, Bang Lamung District, Chon Buri 20105

🕐 8:00~18:00

$ 門票：500 泰幣。在 Klook 等平臺購買較便宜。

@ http://www.sanctuaryoftruth.com/

孩子的「肯亞」計畫

多多五歲一個月

巴里島

「明天我們就會去住大象飯店了嗎？我不喜歡這邊。」多多説。

帶著多多第三次來到巴里島，這次也是和醫師女友一家第二次的年度旅遊計畫。我為旅遊制訂了「動物」這個主題，因此安排了三晚相當昂貴的動物主題飯店。為了平衡預算，有幾天的住處控制在一晚一千臺幣左右，當然，設備難免簡陋。比如住了兩晚的阿西克民宿。

「你不喜歡這裡？可是，對巴里島人來説，這裡已經是很棒的住處囉。」

阿西克之家是島民 Yanick 的家，完全民居，有點三合院的感覺。一共五間出租房，五間都是不與主人屋連結的獨立套房，各自隱身錯落在花木扶疏的院子裡。Yanick 一家住在靠近大門處，早餐和清潔是太太

1. 阿西克民宿室內雖然比較陽春，屋外卻是濃濃的巴里島風情。
2. 不知道算不算塞象？（Mason Elephant Lodge）

包辦，Yanick 除了招攬生意，也是包車司機，我們出門大多會碰到他的家人，最小的三歲女兒總是會很熱情的上來打招呼。

「你看小妹妹，這是她家。你嫌棄她家是不是不太好？」我讓五歲的多多去思考這個問題。阿西克之家充滿巴里島的藝術氣息，在 booking.com 上有九分的評價（原因當然包含物超所值這一項）。多多不習慣

推薦住宿

Mason Elephant Park and Lodge（大象公園飯店）

🏠 Jalan Elephant Safari Park Banjar Desa Taro Tegallalang, Taro, Kec. Tegallalang, Kabupaten Gianyar, Bali 80561

@ https://www.masonelephantlodge.com/

註 雖然都是動物主題飯店，但大象飯店是真正實質意義上的五星飯店，飯店的氣氛布置和價格都屬於成人式浪漫，住房價格高昂，賣點之一是大象到房間來接客人晚餐，由於也可以單獨買入園參觀的票券，如果已經計畫入住 Mara River Safari Lodge（巴里島以野生動物為主題的渡假村），這裡不妨單純參觀就可以。

的主因是衛浴設備簡陋（吧）。預算考量以外，我認為旅行也是能讓孩子脫離舒適圈的方法，已經五歲的孩子，是時候讓他親眼看見大世界，了解各種生活方式，能偶而藉由貧窮旅行來體驗，有助於不將自身擁有的一切視為理所當然。不過旅行還是要有「WOW」點，這就安排在動物主題這件事情上。

▶ 野生動物度假村，毛絨絨大體驗！

「我摸到了我摸到了！溼溼的！」

在老虎躍上我們搭乘的籠車時，多多的小伙伴發出各種各樣的抽氣聲和問題，興奮得不能自己。不過這一點都不奇怪，在這小小的籠子車

3. 所謂的籠車長這樣。

裡，所有人都這般激動，看著懶洋洋趴在籠車頂上的大老虎哈氣，身上滴著剛泅水後落下的水滴，一滴滴地滴在籠子裡看著牠的我們身上。已經有經驗的多多相對鎮定地伸手透過籠子隙縫摸老虎肚皮，得手後忍不住興奮地叫出來。

這是巴里島上的 Mara River Safari Lodge，一座以野生動物園為主題的度假村，也被我戲稱為兒童版的肯亞體驗營。第一次來這裡時，我們都為從房間就能眺望到如非洲草原的景色驚嘆不已，兩個大人和三歲的多多搶著飯店附贈的地瓜與紅蘿蔔，在房間陽臺上投餵斑馬鴕鳥，比賽誰能吸引到最多動物。這個以非洲為主題的飯店，鉅細靡遺地把非洲特色搬到東南亞溼熱雨林中，不只能車遊野生動物園，騎大象漫步，還有吃早餐時可以看見狐獴，更有獅子陪吃的動物觀景餐廳，最吸引人的，就是夜間坐進籠子車，進入猛獸區看老虎獅子。只要參加過一次，就永生難忘。因此與女友一家重訪巴里島，這裡就成為多多君指定再來的地方。

大部分人對巴里島的認知侷限在 villa、水上活動和按摩，其實不然。在孩子幼小時經典的巴里島 villa 行很適合需要一點休息的父母，但對幼稚園已經開始飼養班級寵物，對動物開始有高度興趣的孩童，巴里島是很好親近動物的地方。相似的選擇也可以是泰國或澳洲，但就衛生清潔度和預算考量來説，巴里島更適合小小孩。多多非常喜歡動物，他可以和我一起看動物星球頻道一下午，也不害怕有巨大牙齒的生物。可惜我們居住的環境並不允許寵物存在，在旅行中把動物一次看個夠，

或多或少可以滿足母子倆對毛絨絨的喜愛。這就是此次安排「兒童肯亞」主題旅之因，行程上一舉囊括巴里島兩間動物主題飯店（另一間為 Mason Elephant Lodge），還追加下海與海豚互動（過程完全搭配不間斷的「好可愛唷！」配音）以及阿勇河上兩小時泛舟（五歲以上可參加，是本行程票選第一的活動），配合原本就出名的聖猴森林和特色舞蹈：克差舞（火舞），大人小孩都體驗了一回「巴里島上的肯亞」。

4. 飯店房間就能眺望到如非洲草原的景色。
5. 餐廳和獅子只有一玻璃之隔。
6. 餵長頸鹿要另外付費。
7. 狐獴（圖 3~7 均在 Mara River Safari Lodge 拍攝）。

Mara River Safari Lodge（馬拉河狩獵小屋）

🏠 Jl. Bypass Prof. Dr. Ida Bagus Mantra Km. 19,8, Serongga, Kec. Gianyar, Kabupaten Gianyar, Bali 80551

@ https://www.marariversafarilodge.com/

註 官網有各種不同的包套，如果孩子很喜歡動物，三天兩夜的最划算，玩得也最盡興，可以考慮。此處也可以單純遊園，不必入住。

8. 克差舞為落日時分，於烏魯瓦圖廟表演的祭神用宗教舞蹈，名字源於舞蹈中發出的「kechak」聲。

9. 聖猴森林是烏布市區內一處集合信仰和生態的地區，猴子到處都是。

10. 多多看得很起勁（聖猴森林）。

▶ Dolphin Lodge，與海豚互動

巴里島其實是絕佳的海豚觀賞地，除了 Dolphin Lodge 外，島東和島北都是很好的觀賞點，島北羅威那海灣每日都有搭船出海賞海豚的活動，不過能夠直接碰觸海豚的只有 Dolphin Lodge。Dolphin Lodge 的海豚主要來自受傷的海豚，在照養期間會受到基本訓練，與人互動的時間也受到限制。海豚在此是可以自由出入開放海域的，因為被照顧得很好，放歸後多半還會回來。除了海豚，這裡也可以近距離觀察魟魚和鯊魚。

此外，巴里島也可以泛舟，主要河流有兩處，阿勇河（Ayung River）是刺激較低，也較早開發泛舟的河流，另一條是泰拉嘎哇加河（Telaga Waja River）。兩條河川的難度都不高，七歲以上的孩童兩邊都能參加。需要注意的反而是泛舟前可能會走很多階梯，越上游要走的階梯就越多，光是下到河岸可能就要走十分鐘以上的樓梯，視覺上和心理上要有所準備，也要注意孩童安全，不要求快才好。

11. 多小子抱大海豚。
12. 阿勇河泛舟。

旅行建議

巴里島八日兒童肯亞計畫

Day 1 ▶ 午後抵達巴里島，前往丹巴薩住處→庫塔區漫步

Day 2 ▶ 下海與海豚互動共遊（Dolphin Lodge）→烏布住宿處（阿西克民宿）→烏布市場及咖啡館漫遊→夜間觀賞烏布大皇宮舞

Day 3 ▶ 烏布→參觀 Pura Gunung Kawi（雕刻優美的印度神廟）→聖泉廟（以泉水賜福聞名的神廟）→ Vas Harum 綜合咖啡莊園（結合麝香貓咖啡豆製作與販售、咖啡館、梯田賞景與 Bali Swing 等設施的地方）→克差舞欣賞

Day 4 ▶ 參觀綠色國際學校（了解一座以綠建築、回收再生為概念的學校運作，須預約）→象窟（世界遺產）→大象公園飯店入住（與象為伍一日夜）

Day 5 ▶ 大象公園飯店→阿勇河泛舟→ Mara Safari 入住三天兩夜

Day 6 ▶ Mara Safari 野生動物園區、night safari（夜間動物）行程

Day 7 ▶ Mara Safari 野生動物園區、水上樂園區及淡水水生館→金巴蘭

Day 8 ▶ 斷崖廟賞景看猴→返家

> ▶ 溫馨提醒
> ### 巴里島包車注意事項
>
> 巴里島的交通不便，最好以包車代步，價格上以 klook 類型平臺最透明，但車況要碰運氣，由飯店代叫的通常最貴，但車況也最好。另外短程可以叫類似優步的 Grab，價格優惠，但偏僻地區不適用。在交通顛峰期間從機場到烏布可能需要三個鐘頭，安排行程時要注意。

13. 如果要帶孩子下水受福，需多準備換洗衣物以免感冒（聖泉寺）。
14. 象窟。

當旅程已經開始，總會忍不住想多走遠一點，
讓孩子看見更多不同的文化和人種，讓他們知道天高海闊，讓他們的眼界不再止於海島。
或許是季節截然相反的大洋洲，或許是籃球棒球好萊塢和流行音樂的大宗製造國美利堅，
又或是浪漫的花都巴黎，各種豐富藝術典藏的義大利。
旅行便要志在四方，孩子不是遠行的阻力，而是你珍貴的旅伴。

再走遠
一點

不用準備即刻能出發的應許之地

多多一歲八個月

墨爾本

「我覺得大洋路這個拉車拉好久，但是不去似乎有點可惜⋯⋯」

「搭蒸汽火車好像滿酷的，酒莊欸！澳洲的酒還不錯，應該趁這個機會去補貨。」

希波和我兩個人對著一疊一日行的資料吱吱喳喳，光看介紹每一個都想去。多多君正四仰八叉地在旅館的大床上呼呼大睡，桌上另外放著筆記型電腦，螢幕上是希波為開會準備的投影片。我們的旅行之所以這麼頻繁，有很大一部分的原因是因為希波時常出差，而我懶得自己待在新加坡，就款款包袱跟著去。因為出差大部分多在半年到一年前便已決定，我們有足夠的時間拿里程換機票、查資料、找心儀又不至於對不起荷包的住宿地。但是偶有例外。比如這次的墨爾本之行，決定倉促得連提早了解墨爾本這個陌生的城市都沒辦法，不過墨爾本在澳洲嘛，是澳洲就不怕了，非常喜歡澳洲的我對這點很有把握。

「真的嗎？」這趟旅行一共十天，希波完全要奉獻在工作的時間有三天半，剩下的六天是週末加上年假，他可不希望到時因為各種沒準備而甚麼都不能成行。

「放心，澳洲的旅遊實在太發達了，不用準備我們就玩不完了。」

只要去過澳洲一次，參加過當地一日行的活動，就會對此充滿信心。我在十九歲那年在澳洲待過三個月，對此深深了解。何況是多少年後的

今日，澳洲的旅遊業總不會倒退走了吧？

　　果然，旅館的大廳直接擺上了各種行程，大略瀏覽一遍，就可以知道這個城市有名的景點和特色，行程概述一般都清楚標示會停留的點、費用包括的部分、起訖時間、需要準備的物品、可以先行加購或到場再加購的外掛行程和路上行車時間。這樣的一日遊在其他國家當然也有，我也參加過不少，但是特別推薦澳洲的原因，在於此地的旅遊業水準很平均，價格差異不大，服務的品質整齊，而服務的內容十分透明，不太存在踩地雷的機會。能夠存在的一日遊旅行業者或產品本身，都經過各種檢視。換言之，遊客所要擔心的部分就只是：「我會不會喜歡這個活動？」而已。我時常想為什麼這樣的旅遊品質別的國家就做不到呢？

　　總之，十天的旅程最後安排了四天的一日遊，連路程遙遠、最擔心多多君恐怕不能適應的大洋路都去了。因為不同於純粹的團體遊，完全可

1. 看動物是澳洲的觀光重點。

以採取「做一休一」的彈性參加方式，只要參加了辛苦的長途行程如大洋路，第二天就好好放鬆在墨爾本城市漫步，享受河岸、咖啡館和精彩早午餐，小多多在這樣悠哉的步調中完全接納了一日行，不只開開心心地去了菲力普島看小企鵝，採了草莓、搭了丹德農山脈上有澳洲最可愛之稱的蒸汽老火車，當然也去看了無尾熊和農場，更在旅遊業者保證沒問題的情形下帶了多多君參加我們心儀的酒莊行程。

2、3. 參加蒸氣火車遊，這個蒸汽火車最有名的就是要把腳跨出窗外坐。
4. 參加蒸氣火車遊遇到的阿姨特別帶多多去看鸚鵡。

5. 參加看小企鵝的一日行。
6. 躲在岸上的小企鵝。

▶ 酒莊行程意外適合小小孩

　　想起來似乎兒童不宜的酒莊行程其實非常適合小小孩玩耍，墨爾本的酒莊占地廣大，可跑可跳的地方許多，且都是藍天綠地景觀優美之處，試酒的地方也設計新穎，沒有濃重酒氣。因為這樣的行程確實少有幼童，在自由品酒時，其他旅客都很願意花時間逗逗多多君，而酒莊主人開始講酒時，也會特別為多多君端上一杯果汁。最棒的是，酒莊主人同意讓多多君走進葡萄園看看，還讓他自己摘下葡萄，羨煞了一票大人。

　　酒莊行程一共參觀了兩間葡萄酒莊、一間蘋果酒莊和一樣占地廣大、戶外空間還有遊樂措施的巧克力專賣店，其中最得身為蘋果控的多多君歡心的，恐怕就是蘋果酒莊，不但讓他親眼看到了結滿果子的蘋果樹，還理所當然地喝了蘋果汁，最過分的是，小傢伙看到試酒處擺了一籃籃各色蘋果，居然一顆顆拿起來看看聞聞，再每個蘋果咬一嘴，跟在後面的父母能怎麼辦呢？只好一個個買下來，儘管酒莊老闆大笑著連說不用。

7. 墨爾本的酒莊。

8、9. 多多偷吃葡萄。

10. 多多去和別桌客人打招呼了。
11. 然後爸爸也加入了。
12. 雖然照片上看不出來，但讓多多靠近這些動物時我們都會很注意，也會和狗主人確認再三。

▶ 十二使徒石，直升機初體驗

另一個本來心懷擔憂的大洋路看十二使徒石行程，因為會在車上耗費八到十小時，本來怕即將兩歲的小孩坐不住，不過並沒有。因為只養了多多君一個小孩，所以不能斷定是否小孩都如此，不過直到五歲以前的多多，只要坐在大巴士上就很願意專注地欣賞窗外的景觀，即使是無聊的馬路，也能夠在媽媽陪伴下玩「猜路上有幾輛藍色的車子經過」來打發時間。

而到了目的地後，意外發現搭直升機俯瞰十二使徒石的價格相對於我們見過的其他直升機搭乘價格都要便宜，於是多多的旅行紀錄上又添加了一項意外的交通工具──直升機。小傢伙對直升機非常喜愛，完全不

13. 大洋路上。

害怕巨大噪音或快速旋轉的螺旋機翼，對於突然直升高空這件事全無牴
觸，看來可以放心，以後絕對沒有懼高症的問題。

　漫長的回程路上，遊覽車一度停在海邊小鎮讓人歇腿，因為就在美
麗的沙灘邊，我們乾脆試著讓多多君走在沙灘上感受海浪。這是小傢
伙第一次走在海間。我至今仍能清楚記得美麗陽光下，完全不害怕直
升機的小多多對腳下浮動的沙子卻充滿疑慮，更在發現海浪居然會退
了又來後嚇得哇哇大哭……似乎不是太美妙的畫面對嗎？可是那真是
美好的時光。

14. 準備上直升機。
15. 從空中看十二使徒。
16. 下直升機像逃難。

▶ 旅行建議
大推澳洲的一日行

澳洲的一日行真的可圈可點，不只是雪梨、墨爾本、布里斯本這樣的大城，即使如北領地達爾文這樣的小鎮，也有豐富的選擇，且旅遊的品質穩定，提供的業者都算優良，如果挑一個本身有點規模的城市可以走逛，配合一日遊的行程搭配，澳洲的旅行可以很輕鬆。尤其和臺灣的時差才兩個鐘頭，小孩的作息比較不受影響，而能看到的景觀環境又大異於亞洲，是個人很推薦的親子遊地點。

墨爾本本身也有許多地方可看，比如早期的墨爾本監獄、遊船、圖書館（壯觀宏偉）、八十八樓高的尤本利卡觀景臺和水族館，更不用說許多很棒的咖啡館。此外，這裡的熱巧克力也很有名，雖然幼兒不宜飲用巧克力，不過本地知名的巧克力專門店也推出 baby hot chocolate 供幼童飲用，有興趣也可以試試。

17

17. 多多第一次走在海間。

公園的陷阱

多多兩歲三個月

巴黎

　　因為各種得已和不得已的原因，我和多多君兩個人在他剛滿兩歲時，要在巴黎住上一個月左右的時間。我想，不管已經去過巴黎多少次，只要能夠在巴黎待上一陣，哪怕是任何時候、和任何人，都是很幸福的事。何況，這次陪在身邊的，是我最心愛的小情人。

　　截至目前為止，要在異地找尋超過三個星期的住宿，最方便、價格也最好的，通常還是 Airbnb。雖然在巴黎待過幾間很不錯的公寓，但是以長住來說，價錢都偏高。我重新在 Airbnb 平臺上，找到一間位於「巴黎之胃」二區的閣樓小公寓，很小，沐浴處是利用老式公寓的挑高空間做出的小夾層，連著擺一張雙人床就擠滿的小空間算是臥房，客餐廳連帶超簡易廚房，流理臺附帶四個巴掌長的小桌，就算餐 / 書桌，多多入睡時，我就在這張小桌上寫《一百種東京》的書稿。這間六坪左右的小

公寓可以清楚看到巴黎的天際線，遠遠地，能見到拇指大小的聖心堂。
房東是個和善的先生，聽到我帶著孩子，願意提供各種協助。

　　我和多多在這間小、但符合我們所有需求的公寓待了將近一個月，過
著完全沒有外人打擾的母子生活。巴黎的時光永遠都有許多事可做：早
上醒來陪多多玩鬧，準備早餐，接著可以出門逛逛。可能在塞納河畔，
也可能去以魔力著稱的杜勒麗花園。甚至也去了多多的第一個迪士尼。
從二區走到左岸，即使推著嬰兒車，也不過二十分鐘。有時一早就把多
多推來盧森堡公園，放孩子下來踩初秋的落葉，玩十分有年代的旋轉木
馬。當然也去了許多博物館或美術館，多多在某些博物館裡表現得像好
奇心濃厚的大孩子，而在另一些地方也會胡鬧到我不得不快快推他離

> ▶ 溫馨提醒
> **善用 Airbnb 的評價機制**
>
> Airbnb 是短居異地時的好平臺，除
> 了可以以較合理的價格找到市中心
> 的房子，先和房東聯絡可以幫助你
> 判斷這是不是一位熱心的房東。只
> 要帶著孩子旅行，都有機會因為各
> 種狀況需要協助，好的房東是重要
> 的奧援。如果不擅長與房東溝通，
> 在選擇公寓時可以加上「超讚房
> 東」這項篩選條件，這個認證是由
> 住客與平臺本身機制而來，具有相
> 當的可信度。

1. 整點閃爍的鐵塔光芒宛如巴黎之夢。
2. 與小情人一起待在巴黎。
3. 巴黎的迷你公寓。

4

4. 從小公寓可以看到聖心堂的尖頂。

開。午餐多半在小咖啡館解決。盧森堡公園旁的 Cafe Vavin 提供的午間快餐非常美味,二區公寓下的 Cafe du Centre 的豬排好吃到多多君可以吃掉一份,我很快認知到多多不願意吃無聊的兒童餐(巴黎咖啡館的兒童餐很難擺脫沒有味道的義大利麵),於是偶爾也會換換口味,帶他去正式的餐廳吃烤蝸牛。

我們很少錯過巴黎美麗的午後,多多君喜歡在草地上玩累後由我推著他的娃娃車欣賞街景,在巴黎的撫慰下小憩。我則在他入睡後走進心儀的咖啡館,開始寫稿,再點份多多在巴黎愛上的馬卡龍甜點,作為他午睡醒來後的點心。或者更多時候,只是望著街景,甚麼都不做。入夜後我們多半回到公寓,吃我用平底鍋克難做出的中式晚餐,或偶爾去附近的一風堂,然後洗澡睡覺。等到夜深多多睡沉,就是我的工作時刻。

5. 杜勒麗花園。
6. 今天去哪好呢？（杜勒麗花園）。
7. 塞納河。

▶ 溫馨提醒
歐洲市中心的公寓大多沒有電梯

帶孩子在巴黎（或全歐洲）居住時，如果是還使用嬰兒車或不能爬太多樓梯的小小孩，要特別留心公寓有沒有電梯。市中心區的房子多半具有年代，設備上無法和新開發區比，沒有電梯是常事，請務必詢問清楚。以巴黎而言我挑選的住宿地從不在六區以外，這是個人偏好。建議您也儘量挑選近市中心的地方，各項生活機能和景點距離都會更良好。

8. 盧森堡公園優雅的綠藤椅。
9. 公園是歐美居遊時很重要的地點（盧森堡公園）。
10. 這應該是上世紀的旋轉木馬吧（盧森堡公園）。

▶ 小小孩的巴黎公園冒險

在巴黎花上最多時間的地方，還是各種各樣的公園。

這些公園不僅僅只是前文提到如盧森堡公園、杜勒麗花園之類的「觀光景點」公園，更主要的是各種不知其名、路上走著就碰到的小巧公園。這些公園邊上多半會闢出一小塊屬於孩子的遊樂場，用小圍欄圍著，不讓狗進入。裡面的設施大半很簡單，比如沙坑、溜滑梯、翹翹板或秋千，然而只要是有這些措施的地方，不管多麼簡陋，都會如吸鐵般牢牢吸引大群孩子。還沒有進幼兒園、一個小人孤伶伶長大的多多，對於有小伙伴這件事完全沒有辦法抗拒。所以儘管我的目標明明是奧賽美術館或羅浮宮，但只要途經公園，就會在多多君的強烈要求下進去看一看有沒有孩子聚集。多多君因此有許多美好的時光，在浮日廣場上和小弟弟玩沙，在盧森堡公園和美麗的小姐姐一起撿馬栗，也在各種不知名公園和許多孩子追趕跑跳碰。

> ▶ 溫馨提醒
> **巴黎兒童公園要注意不同的年齡段**
>
> 巴黎有各式各樣的兒童公園，其中也有付費公園，這種園地的設施維持良好，花樣也多，比較大的小孩就很適合。分齡的兒童公園是很常見的設施，不在年齡段的小孩也可以進去玩，家長要特別注意玩瘋的大孩子會不會撞到小小孩。不用擔心語言障礙，小孩們有自己的辦法，放手讓他認識新朋友吧。

11. 這是公園裡付費的 playground，不貴，遊樂設施比較新穎乾淨。
12. 多多在巴黎自己學會用玩具吸引小夥伴的注意，然後就可以愉快的加入，無視語言隔閡。
13. 立馬成功混入。

雖然不是每一座皆如此，但有些兒童公園會特別標註這個地方比較適合哪個年齡群的小孩，在盧森堡公園中，多多吵著要進去的大型遊戲場是適合六到十二歲的孩子。因為二歲的多多君幾乎從來不玩沙坑以外的遊樂設施，我便沒有太注意年紀建議，在多多想要進去時，覺得只需要注意有沒有大孩子不小心撞上他就可以。因此放他下來後，看他在「我以為」他絕無可能爬上的滑梯附近徘徊時便沒有留意，先去將嬰兒車安置好。豈料一回頭，多多已經站上了梯子上半段回頭看我。

我真的大吃一驚。多多所爬上的滑梯不僅接近兩個成人高，梯子還是近乎垂直的鋁製長方體，攀爬處的設計如同將光滑的厚刀片一片片黏在鋁製的盒子底，再把這個盒子直立而成。每個刀片般的跨腳處只有不到半個成人腳掌深，連我要爬上都不算十分容易，更何況沒有任何攀爬經驗的多多？

然而事情已經發生。雖然我覺得這根本不是一座應該出現在巴黎兒童公園，或任何兒童公園的滑梯，我也不認為兩歲

14. 就是這個滑梯！多多居然在我轉頭十秒內爬上去了。

多一點的多多或其他任何同年紀的小孩可以在一分鐘以內的時間不聲不響自己爬上，但現實狀況就是多多在頂端看著我，就要哭出來。他並不是怕高，而是因為爬上梯子後必須經過兩段各約兩公尺的圈型繩網，才能抵達滑梯。繩網的洞都比多多的腳還大，導致他不敢前行，更不可能從直立的梯子再爬下，完全被困住了，進退不得。我只能一邊安撫多多君，一邊自己爬上去，在窄小的梯頂端抱好他之後實在不太可能原路下去，只好如母猴抱小猴般俯身半爬過兩節繩網，再抱著他溜下滑梯。

「你唷！」點著多多君的鼻頭不知道該怎麼念這個兩歲的小傢伙，索性抱著他坐在盧森堡公園四散的綠鐵椅上，緊緊的，在巴黎粉紅色的晚霞下。

重返歐洲的驚奇之旅

多多四歲十一個月

義大利

重返歐洲前，我也好奇多多的適應力。從前遊歐時，多多還是兩歲前後的小人，對大部分事物還沒有強烈個人喜好，容易安撫。但是這回重新踏上歐洲，小人已經將近五歲，雖然能聽懂話，但相對更難管控情緒。而這趟旅行是家族旅行，沒有事事遷就的空間，不可能跳過羅馬的梵諦岡博物館或競技場，翡冷翠的烏菲茲美術館更是行程重點之一。多多對美術館會有興趣嗎？已經五歲的孩子，如果沒興趣還可以讓他玩玩具打發時間嗎？最不妙的是羅馬是超級觀光戰區，參觀各種館都要先預約好時間，沒有彈性。我只好做好心理準備，先觀察臺灣家人能讓多多分心多少，若苗頭不對，只能我自己放棄門票帶多多去閒晃，為此還備好一大袋小人最愛的樂高。

結果臺灣家人因為轉機香港時碰上國泰罷工，延誤九小時才抵達，行程首日已經排上的梵諦岡卻無法更改，我們只能打消家人綵衣娛幼的計畫，硬著頭皮帶多多前往。然而……

▶ 小小孩的美術文藝之旅

「媽媽，這些是故事嗎？可以說給我聽嗎？」「這些真的是地圖嗎？以前地圖長得不一樣欸！」在梵諦岡博物館時卻迎來多多不間斷的熱切提問！屆時六月末的羅馬正經歷一波小熱浪，純靠通風的博物館相當炎熱，人潮是旺季高峰，連我都只想快快穿越人潮走馬看花帶過，小人卻一個勁地問個不停，滿眼欣羨，我只能搜索枯腸講解不熟悉的聖經故事，畢竟，那一幅幅華美盛大的壁畫拱頂可不是小人以為的國王與公

1. 梵諦岡。
2. 讓多多為之傾倒的梵諦岡博物館。
3. 在說什麼故事呢?(梵諦岡博物館 / 掛毯陳列室)。

主住在城堡裡的童話。喜歡盯著 GPS 的多多在地圖廊時更對牆上的地圖掛毯嘆為觀止，拚命問以前的地圖和 GPS 的諸多差異，幾乎將人問倒。最後不但指定以後天冷時還要再來，更自己做出結論：「這邊實在太漂亮了，我要住在這邊（博物館內）到我變成老公公的時候！」

我驚訝了！小人原來這麼有藝術細胞嗎？

不過等到了烏菲茲美術館就打破神話，多多對各種名作一點興趣也沒有，恢復成正常小男孩，每五分鐘就會小聲問：「可以不要再看畫了嗎？」「我們可以去別的地方了嗎？」看來在梵諦岡吸引他注意的，恐怕只是那份金碧輝煌，和藝術感全然無關。不過，即使如此，已經習慣旅行步調的多多君，還是可以忍耐著陪大人看完畫、聽完請來的中文導遊講解。為此我特別在美術館咖啡廳獎勵了他一份冰淇淋聖代。

▶ 前進荒野，採集松露

然而行程中的大魔王還沒有出現。出於個人私心，我安排了採集松露。目的當然不是為了採，而是為了採集後可以到松露獵人家中歡快地品嘗家庭式松露料理。行程說明中，採集的過程大約要兩小時，採集現場自然非常原野，下訂前特別先行詢問過家人，長輩們都表示沒問題。不過一行九人，有三人六十歲以上，外加五歲的多多，縱使心臟強大，也難免擔心一番。

　　果然，松露獵人領去的所在地完全荒野，野草蔓蔓，細小的粉彩色花朵成遍瘋長，草高處多多君僅能露出腦袋，綠草中藏著野荊棘和帶刺植株，不要説多多，我自己也是第一次走進這樣野、這樣天然之地。烈日當天，大人們想著松露的滋味尚可忍耐，但是多多君並不知道什麼松露（之後試了也不喜歡），沒辦法拿此引誘，這可如何是好？

　　不過，我沒計算到多多對新奇事物／松露獵人與狗／大自然中美麗的花的喜愛，居然一路頂著太陽，開開心心地黏著松露獵人，不在乎天氣熱日頭晒，更不把路途難走當作挑戰，一路上用亂

4. 採松露之行，出發！
5. 放養的馬，在松露野地中走動。
6. 拿一袋松露給阿姨聞，他不太理解大人幹嘛都愛聞這個。

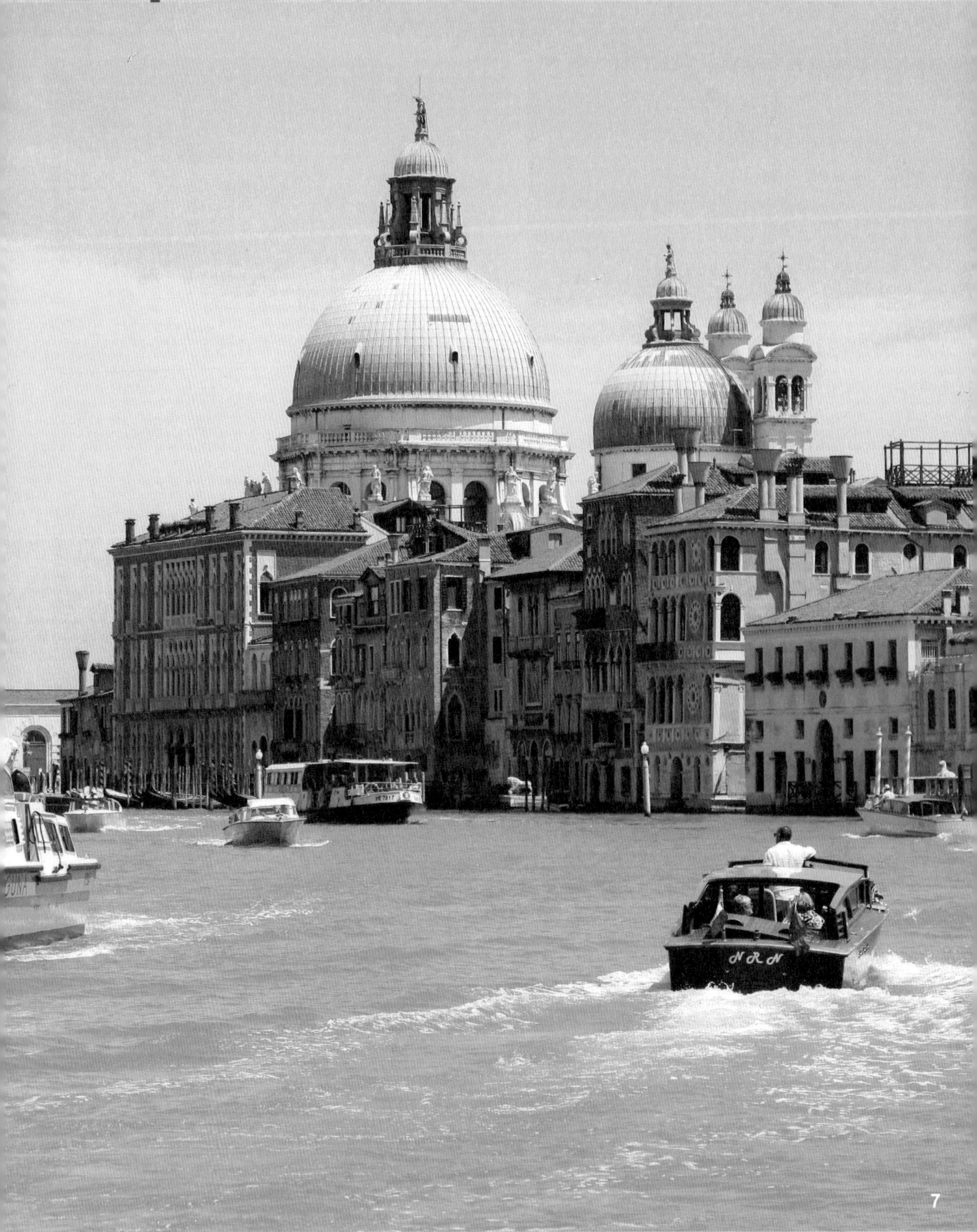
N R N

七八糟的英文問獵人古古怪怪的問題，碰上尋找松露的狗跑去崎嶇到大人都不願意跟上的地方時，還執意要跟著狗狗去看「這次松露在哪裡？」更對滿山遍野的花大聲讚嘆，頻頻告訴我真好玩。心中所擔心要安撫或抱著疲累的小孩的情況完全沒出現，真是感天謝地。等到眾人累趴趴地回到松露獵人的家時，大人們總算開始興奮品嘗期待已久的松露料理時，這個小孩只吃了一口松露麵，就「噁」的一聲吐了舌頭，只肯吃算是配菜的撒拉米（salami，義大利傳統香腸）配麵包了（這個他倒很愛）。

之後這個小孩在威尼斯的貢督拉上大聲唱歌，激得本來沒小費不會開口的船夫也開始高歌（因為小孩唱得太難聽），卻被比唱更大聲的小孩氣到閉嘴、或是在聖馬可廣場上趕鴿子、花神咖啡館外表演功夫、完全習慣在晚上九點才用晚餐、耐著性子陪爸媽在一間間米蘭咖啡館喝咖啡，都變成母親一次次意外驚喜。

歐洲旅行可以繼續，真好！

7、8.威尼斯。

8

9. 在貢都拉上大展歌喉。

> ▶ 溫馨提醒
> ## 旅行中不論遭遇什麼,都要抱著愉快的心情
>
> 旅行中沒有什麼比隨機應變重要,抱持愉快／平靜的心情,就會比較容易
> 接受小孩在旅行中扔出的各種變化球。「沒有什麼不能克服的。」只要這
> 樣想,不要說旅行,就是人生也會變得美好起來。

帶嬰兒上咖啡館

　　泡咖啡館不能說是每個人旅行的必備項目，然而我酷愛咖啡館，咖啡館和旅遊兩者之間，對我來說，有時候是一件事。因為熟悉，所以明瞭帶嬰兒（零歲到二歲）上咖啡館的各種艱難。但為什麼要犧牲掉這個愛好呢？已經不得不身居咖啡文化荒漠的新加坡數年，旅行早已是稍解咖啡相思的良方。我想，事情總有兩全之道。

▶ 舊金山咖啡酒吧，有嬰兒出現也不違和

　　除了摯愛的臺灣以外，就我的經驗來說，目前為止對嬰兒最為友善的咖啡館（專指富有個性的咖啡館），位於美西的舊金山。此地的咖啡館大部分調性輕鬆，某些配有現場演奏，以爵士音樂為主，水準都很好。

和紐約精緻的爵士小吧相比，舊金山比較隨和，想要認真聽音樂的客人固然備受歡迎，如果只是順耳聽聽，目的在發呆享受半嬉皮式風情、或者完全專注在咖啡或美食上的人，也不會有格格不入之感。多多君當然就要算是後者，但是在微風輕吹入的明亮爵士咖啡酒吧裡，每個人都歡迎他，沒有過分注視特意關照，純粹不覺得這個年紀的孩子出現在這裡有甚麼不對。

　　這種氣氛似乎蔓延在整個舊金山市區，某些咖啡酒吧甚至不排斥我們推著嬰兒車在夜間九點進入，好像只要有現場音樂就是某種通行證，只有道地純喝酒的地方才對嬰兒關上大門，以至於我到漁人碼頭上那間以「第一杯愛爾蘭咖啡發源地」著名的美景咖啡館，坐上吧檯喝著酒味濃厚的愛爾蘭咖啡時，停靠在身旁的嬰兒車竟是出乎意外和諧。

推薦咖啡館（美國）

The Buena Vista Cafe（美景咖啡館）

⌂ 2765 Hyde St. (@ Beach) San Francisco, CA 94109

☎ 415-474-5044

🕐 週一至週五 9:00~2:00，週末 8:00~2:00。

🚗 Bus 10, 19, 30, 47, Cable car Powell-Hyde 線。

@ http://www.thebuenavista.com/home/home.html

1. 美景咖啡最有名的愛爾蘭咖啡。
2. 美景咖啡的客人全部一人一杯美景咖啡。

3. 在異地實在找不到地方時，就來星巴克歇腳，以至於不到
兩歲，多多就可以指著美人魚的標誌喊咖啡！（巴里島）。
4. 舊金山到處充滿有個性的小咖啡店。
5. 爵士咖啡館（舊金山）。
6. 仔細看，多多不是唯一的小客人（舊金山）。

推薦咖啡館（美國）

Blue Bottle（藍瓶咖啡）

@ https://bluebottlecoffee.com/

🕐 營業時間各分店不定。

7、8. 美國人氣咖啡連鎖店──藍瓶咖啡，是多多的第一杯咖啡（空杯）。

▶ 巴黎、日本咖啡館，帶嬰兒挑戰多

巴黎和日本這兩個城市，有我很喜愛的咖啡文化，但氣氛上就比較緊張。

左岸幾間名咖啡館儘管門面氣派，洗手間卻小得可憐，這點普遍反映在巴黎的眾多咖啡館上，光是如何在巴黎咖啡館的廁所幫嬰兒換尿布，說不定就足夠寫成一本技術指導手冊。巴黎人雖然喜歡嬰兒，不過他們卻並不會為了嬰兒少點一根菸。偏偏方便嬰兒車停放的露天咖啡座，就是嗜菸如命的巴黎人「呼吸新鮮空氣」的地方。

日本咖啡館在抽菸這點上不遑多讓，氣氛上更怕的是碰到神經緊張的老闆大人。比如在京都就碰過主動想為我們母子打包食物的咖啡店主人（如果您常去日本旅行，就會知道在日本打包這種事是不存在

的，這單純只是因為店主人怕嬰兒吵起
來而已）。

　　不過也不必氣餒，還是有帶嬰兒也行
的地方。

　　神保町的 Milonga Nueva 雖然空間窄
小，但氣氛上文藝氣氛濃厚，早期是名
曲喫茶的一員，目前仍以「世界名曲的
店」為號召，即使在咖啡館一級戰區也
極具魅力。這個感覺不該歡迎親子顧客
的地方，女店長卻不排斥嬰兒，甚至允
許我們直接推入嬰兒車，以免熟睡中的
嬰兒驚醒。

9. 花神咖啡館。
10. 在巴黎我們很少能坐到多多吃完一根
迷你捧捧糖，太多人抽菸了。
11. 侍者送上一桶筆，孩子就有事情做了。

銀座一角的 AUX BACCHANALES Cafe 咖啡館，則是仿巴黎的店，盤據整個街角，很有花神咖啡的風範。如同巴黎侍者一般繫著黑領結的男侍並沒有巴黎人的高傲，態度親切以外，對嬰兒車的存在也面不改色。

京都一間與名作家緊緊相連的老派咖啡館 INODA，大體上也能說是名氣與嬰兒友善兼顧的好店。因為本身充滿和洋交錯的精緻感與社交性，還得到名作家池波正太郎的認可，在其作品《昔日之味》（むかしの味）中寫下：「如果不到寺町通附近的イノダコーヒ（INODA）喝杯咖啡，我京都的一天便無法開始。」不過，我是在一天將結束的時候帶著寒冬中簌簌流鼻水的大嬰兒來此，滿臉氣惱的嬰兒進入時，INODA 的服務大哥大姐們完全端出「見過世面」的大咖啡館氣勢，優雅地送上咖啡後，又不慌不忙地問在母親懷抱中已感到不太耐煩的大嬰兒需不需要嬰兒椅？隨後遞上非常精緻、鑲了一圈鉚釘的漂亮白皮兒童高椅，其氣派完全不輸巴黎貴婦甜品店拉朵蕾。

12

13

　　宛如博物室的長樂館則是另一間對嬰兒友善的非常規咖啡館。這間京都名店之所以可以大氣接納嬰兒的重要原因之一，就是其巨大。長樂館是從前菸草大王村井吉兵衛的私邸，有京都迎賓館之稱。本質上就是一座巨型宅邸，洛可可風格的宮殿式華麗內裝，完全像凡爾賽宮的宴會廳，一點都嗅不出來千年京都的氣味。

　　我帶嬰兒被安置在像半地下室的空間，並不因為是半地下的空間，裝置上就有所馬虎。事實上長樂館雖然廣闊，但每一處切割出的空間都各有特色。有完全華麗的宮廷式大廳（下午茶的專屬空間），有以東方骨董經營出的和洋風餐室，每一個房間都保有幾件古物收藏，宛若博物館。非常不好意思的是剛好碰上嬰兒心情不好，搭配現場演奏，嬰兒的

12. 在京都撰（民宿）指點下，去一星期只開一天的麵包店兼咖啡館。
13. 幾番探詢下，發現京都也是有嬰兒可親咖啡館（INODA）。
14. 日本風味的咖啡。
15. 現在的多多已經很享受和媽媽的咖啡時光（東京椿屋咖啡）。

14

15

哭聲不絕於耳。我起身想抱起嬰兒離開，可是服務人員笑笑地留下我們，並貼心地為我們關上房門。真是萬分感謝哪！

　　不過嬰兒的年代已經過去，五歲的多多在聖馬可廣場上的歷史咖啡館時，這傢伙已經熟練地好點果汁拿出樂高進入自己的世界，還提醒媽媽他的點心要叫馬卡龍。等什麼時候他也開始一起喝咖啡了，我應該會分外想念這段時光吧？

推薦咖啡館（日本）

Milonga Nueva

🏠 東京千代田區神田神保町 1 - 3

📞 +81 3-3295-1716

🕐 10:30~22:30；年初年末休。

@ https://cafesnap.me/c/2762

AUX BACCHANALES GINZA

🏠 東京都中央區銀座 6-3-2 Gallery Center Bldg 1F

📞 +81 3-3569-0202

🕐 週一到週四 11:00~23:00，週五 ~23:30，週日與假日 9:00~23:00，週六 ~23:30（營業時間各分店不同）。

@ http://www.auxbacchanales.com/

INODA（本店）

🏠 京都市中京區堺町通三条下ル道祐町 140

📞 +81 75-221-0507

🕐 7:00~19:00；無休。

@ https://www.inoda-coffee.co.jp/topics/

長樂館

🏠 京都市東山區八坂鳥居前東入円山町 604

📞 +81 75-561-0001

🕐 10:00~20:30；不定期休。

@ https://www.chourakukan.co.jp/

特別篇

帶小小孩去博物館

對於兩歲以下的小小孩來說，去哪裡對他們是沒有影響的，只需要注意他們的「食衣住行大」的條件完備即可。對於兩歲以上的孩子，還要注意的是，去的地方能不能讓他們放飛自我、隨意遨遊。

不好意思，又要再提京都。京都有很多寺廟，要完全不去看就基本捨去十分之九的景點。然而許多寺廟不但講究安靜，還配有很多和紙門，這樣的地方，帶不算受控的小小孩去就一定要當心。

上上策是帶小孩去瘋狂一點也無所謂的寺廟，比如嵐山天龍寺或清水寺，地方大，不太怕小孩吵。但請務必幫您的小朋友繫上遛小孩繩，以控制他們的行動。要知道，吵一點頂多被給幾個白眼，紙門要是戳破了也還

不致於受傷，若要像是賞楓熱點的琉璃光院，那可都是玻璃的和式推門哪。

博物館方面，某些博物館還好，展品有趣，小孩願意看。但純粹的美術館就不一定了。比如在巴塞隆納，畢卡索美術館固然很值得參觀，但小小孩真的不宜。展品對幼兒來說很無趣，人還非常多，小孩也無處跑跳。為了遊玩品質，同樣有名的米羅美術館，因為藝術家本人用色大膽鮮豔，許多展品視覺上就很有趣，且場地本身規畫兼具室內外、寬敞明亮，人較少，氣氛也比較輕鬆。您可以好好看展品，小孩也不會無聊，甚至還可能發生一些趣味的藝術品問答。同樣的狀況，若是在巴黎，珍藏有莫內睡蓮的橘園美術館，因為在空間和展品上都特別雅緻，就不甚適合小小孩。但奧賽美術館就沒有問題，館大，不怕吵鬧，帶小孩入內參觀一點也不會引人注意。比較另類的地方是美國，任何博物館美術館都可以放心帶小孩參觀，只要小孩不會破壞場地、砸爛展品，基本上都不會被責怪。哎，就是這麼縱容小孩的國家。

另外別忘了，小孩也有專屬的博物館。像是倫敦的交通博物館基本上

就是迷你且充滿知識性的兒童樂園；日本眾多鐵道博物館，比如北海道的小樽綜合博物館，就適合喜歡火車的小男孩，提供小朋友做手工的馬賽克磁磚美術館也很推薦。

如果不幸地您是屬於藝文愛好者，對參觀地點有所堅持的話，可能的解決方法有幾種：

- **善用博物館空間**：有些博物館有附屬咖啡廳、餐廳、禮品店或甚至是兒童遊戲空間。這時可以父母輪流帶小孩在特定空間中遊戲或用餐，其他人去參觀。比如青森市立美術館的親子空間、奧賽美術館和龐畢度藝術中心非常令人讚許的幾個餐廳，也都很適合小小孩自己玩玩具（帶小玩具出門對兩歲以後孩子是很重要的，務必記得）或爸媽念童書。當然如果父母只有一方對美術館感興趣，另一位不妨乾脆帶孩子去走公園吃冰淇淋，也不失為替代方案。

- **利用作息妥善規畫行程**：小小孩一般來說都有午睡需求，即便再怎麼不習慣在娃娃車上睡覺的孩子，累了也還是會睡著。如果可以，

1. 美術館無聊沒關係，找自備玩具（倫敦國家藝廊）。
2. 你看，帶玩具的不只有我（倫敦國家藝廊）。
3. 沒有玩具就現場買（大英博物館）。

預備參觀美術館前先行排比較耗費孩子體力的活動，參觀美術館時順理成章收穫一枚安靜午睡的孩子，皆大歡喜。

- **帶小玩具出門**：真的迫不得已要在小孩精神很好時獨自帶孩子上美術館的話，我自己的經驗是準備幾件小玩具車，讓多多在美術館的椅子上玩，自己則在同個展間看畫。玩具車一次只給一到兩臺，小孩玩厭就再換新車。中間累了就帶著去附設咖啡廳吃兩件蛋糕甜點，還沒看完多多又玩膩了想出去，就帶去禮品店買一件新玩意讓他繼續玩。

- **交換條件**：四五歲的孩子比較可以溝通了，但這個時候對於旅遊行程也已經有自己想法，不再像小時好哄。此時交換條件就很管用，比如：陪媽媽看某某美術館，看完媽媽就帶你去吃冰淇淋，就是很有用的方式。交換條件最好是可以立即兌現，而且小孩達成後爸媽也要遵守承諾，不然以後就無效了。

推薦博物館（英國）

London Transport Museum（交通博物館／倫敦）

🏠 Covent Garden Piazza, 39 Wellington Street , London, WC2E 7BB

🕐 10:00 ~ 18:00（最後入館 17:15）；無休。

💲 成人 18 英鎊，17 歲以下者免費。

@ https://www.ltmuseum.co.uk/

4. 完全算是兒童遊樂場的倫敦交通博物館。

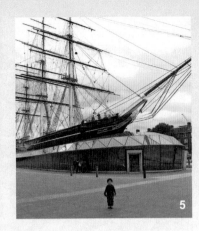

推薦博物館（英國）

National Maritime Museum（海事博物館 / 倫敦）

🏠 Park Row, Greenwich Peninsula, London SE10 9NF

🕐 10:00~17:00（最後入館 16:30）；每年 12/24~12/26 及 12/31 休。

💲 免費

@ https://collections.rmg.co.uk/

5. 可以跑跳的博物館最適合小孩（倫敦海事博物館）。

推薦博物館（歐洲）

Musee d'Orsay（奧賽美術館 / 巴黎）

🏠 1 Rue de la Legion d'Honneur, 75007 Paris

🕐 週二至週日 09:30~18:00，週四 ~21:45：每週一及國定假日休。

💲 全票 12 歐，青年票 (18~25 歲) 9 歐，18 歲以下免費，每個月第一個週日免費。

@ https://www.musee-orsay.fr/

6. 奧賽美術館。
7. 奧賽美術館的餐廳金碧輝煌，很值得一訪。
8. 奧賽美術館餐廳的兒童餐。

推薦博物館（歐洲）

Musee de la Chasse et de la Nature
（自然與狩獵博物館 / 巴黎）

🏠 62 rue des Archives, 75003 Paris

🕐 週二至週日 10:00~19:00，週三 ~21:30；週一休。

💲 免費

@ www.chassenature.org

9、10. 巴黎的自然與狩獵博物館雖然沒有名氣，但很值得帶孩子一遊。

推薦博物館（日本）

青森縣立美術館

🏠 青森市大字安田字近野 185

🕐 9:30~17:00；每月的第二、第四個
週一休。

$ 成人 510 日幣，高中大學生 300 日
幣，國小國中生 100 日幣。

@ http://www.aomori-museum.jp/tw/

11. 奈良美智的展品很有童趣（青森美術館中少數可以拍照的作品）。
12. 館內提供這樣的空間讓父母對孩子解釋展品。

13、14. 小樽市綜合博物館在戶外空地放了許多退役火車，可以讓小孩第一手接觸。
15. 室內陳列的火車更古老精緻。

推薦博物館（日本）

小樽市綜合博物館

🏠 小樽市手宮 1 丁目 3 番 6 號

🕐 9:30~17:00；每週二休。

$ 成人 400 日幣，高中生 200 日幣，中學生以下免費。

@ https://www.city.otaru.lg.jp/simin/sisetu/museum/

16. 馬賽克博物館的建築外觀很特別。
17. 館內提供手作馬賽克的活動。
18 這一處是攝影同好最喜歡的取景點。

推薦博物館（日本）

馬賽克磁磚博物館

🏠 岐阜縣多治見市笠原町 2082-5

🕐 9:00~17:00；12/29~1/3 及每週一休。

$ 成人 300 日幣，高中生以下免費。

@ https://www.mosaictile-museum.jp/english/

專家的話

孩子與旅行

王宗輝
國際蒙特梭利協會 AMI 6-12 歲合格指導員。
國際蒙特梭利協會 AMI/NAMTA 12-18 歲合格指導員。
啟心蒙特梭利實驗教育創立者與其主教老師。
受訓地點為美國聖地牙哥蒙特梭利機構（Montessori Institute of San Diego-MISD）。

　　雖然書寫本書時，主要考量的出發點在於父母而非孩子，但是一定也有許多爸媽，希望除了自己能繼續享受旅行的美好，也能讓孩子從中得到些什麼，所以在此特別採訪了蒙特梭利的教育家、同時也是國際蒙特梭利協會 AMI 6-12 歲和 AMI/NAMTA 12-18 歲合格指導員及啟心蒙特梭利實驗教育主教老師，王宗輝先生，談談家長與零到六歲的孩童旅行時可參考的事項。

▶ 陳：幼兒旅行的教育意義

王：孩子從零歲開始就在學習，他所見到、聽到、聞到、經驗過的任何事物，都會逐步吸收在心裡，進行自我建構，來做為認識這個世界的第一步，這個內在自我建構的部分成人沒有辦法干涉，是由孩子自己完成。孩子會在生活周遭環境中吸收所有的事物，特別是零到三歲的孩子是無意識的吸收，就像海綿一樣。

　　蒙特梭利教育的宗旨之一，就是幫助孩子適應世界，協助孩子理解現實的種種，了解事物間彼此相互依存的關係。比如小小孩看見了蜜蜂在

花上採蜜，他就會知道蜜蜂與花的依存關係，更大一點，他就會學到和蜜蜂有依存關係的不只是花，也有熊、有其他的蜂種，甚至也包含人。旅行這件事情會大幅度打開孩子的視野，提供滿滿的感官刺激。

而對於比較大的孩子，旅行過程還會提供許多溝通以及社交的學習機會。旅行容易見到不同事物，經過父母的引導，小小孩可增進生活用詞的字彙量；而見到外人、陌生而且不同種族的人，也能幫助孩子發展其社交能力。

有人說讓幼兒待在不同語言環境中可以幫助其日後語言發展，其實要提醒父母，不要抱著藉由旅行讓孩子多暴露在外語環境中，就會加強小孩未來英語或其他外語能力的期待。語言能力的發展，與很多內外在因素有關，況且每個孩子都是獨立的個體，發展各有自己的速度，身為父母要避免存在比較心態。一般來說男孩的發展要比女孩慢一些，但大體而言，六歲以前對孩子都是吸收期，他會吸取所有感官（所謂聽到、看到、聞到、摸到……等）的經驗，要一直到六歲才會開始認真提問「為什麼？」，在這個時候開始有組織概念，從感官走向邏輯。要到十二歲才開始建立抽象概念。

▶ 陳：旅行對幼兒的影響

王：在零到三歲，從蒙特梭利觀點來看，孩子的學習和生活圈主要是父母，要到三至六歲才擴展生活圈到幼兒園，開始有老師和同學。所

以，帶幼兒旅行主要還是因為大人的需要。這個時候需要遵循幾個方向，讓小孩也可以適應旅行步調即可。

一、不要趕時間

帶孩子旅行，尤其是帶幼兒旅行，必須要給自己和孩子充分的時間，原因之一是避免父母本身焦躁。如果是有很多 check list 的旅行模式，抱著急著完成的心態，比較容易導致情緒焦慮，趕行程會影響孩子，也會影響到大人的心情。

另外，越小的孩子專注度越低，大人旅行有興趣的地方，未必小孩會有興趣，反而在成人眼中看起來非常微小的事物，會抓住他的注意力，比如，瀑布的水流、天空的浮雲、甚至是落葉或螞蟻爬過，大人會覺得看這個這麼久做甚麼？很浪費時間，就急吼吼地把孩子抱開去下一個景點，但這種對小事物的關注其實就是培養孩子專注力的過程，如果一直被打斷，對小孩有一定程度的不良影響。這點也適用平常非旅行的時段，當孩子專心時，不要吵他。只是旅行中，即使本來明白這點的大人也很容易忘掉，所以帶孩子旅行，一定不能趕時間。

二、作息規律

三歲前作息規律對於建構孩子的身心發展是重要的，但旅行不比在家，用餐、睡眠、活動的時間都不好規畫安排，外在的刺激過多，也會影響孩子情緒的穩定，如果可以，儘量不要大幅改變孩子的作息。

▶ 陳：如何幫助孩子在旅行中得到成長？

王：可以把旅行分成「出發前、旅行中和回家後」三個階段來看。

一、出發前：參與準備，自己整理行李

出發前可以讓小孩做很多準備動作，小孩三歲後，就可以慢慢加入討論旅行中可能發生的事項：比如要去幾天、去的地方冷不冷、要準備甚麼衣服，讓小孩試著去選擇他要帶的東西。父母可以讓他知道我們可能會要等車、等待坐飛機、去餐廳咖啡館等待上菜，詢問他等待時要做甚麼，以此讓他自己決定要帶多少書本或玩具打發時間。在他決定好後再一次檢視他的行李，就不合理的部分和他討論：會下雪唷，要帶哪一件雪衣？這本書非常重，背在身上會不會走一下就累了等等。

另外，也可以預告旅行中會發生的事：我們要坐船，會穿救生衣；要騎馬，會戴頭盔，也可用照片、影片的方式讓他們先知道，並且可以討論為什麼要這樣做，因為有些小孩比較敏感，可預先讓他們知道要面對的情況，可以幫助安定害怕的心情。

二、旅行中：建立時間觀念，練習面對非日常

旅行中除了千萬不要趕時間，對稍大的孩子也可以開始建立時間的觀念，先告知在這個地方會待的時間，在預定時間前就先做預告式提醒：再五分鐘我們就要離開囉。另外，約法三章也是重要的事，例如飲食和購物，先告訴孩子可以吃喝甚麼東西，比如一天只能吃一顆糖；到了觀

光景點，最多只可以買一樣紀念品。

　　旅行安全相信是父母很關心的，在規範小孩的自由活動範圍時，父母要特別注意的是，用成人的概念和小孩對話，孩子可能會不理解你的意思。比如大人會說：「不要離開我的視線範圍。」就讓小孩去玩了。結果小孩一跑不見蹤影，找回來時父母對孩子的不聽話暴跳如雷，但其實很可能小孩根本在一開始就沒聽懂。孩子不懂並不一定會問，甚至不懂得要怎麼問，對他來說當下他只想要玩，只聽到了可以去玩。這種時候要耐心用孩子聽得懂的話來和孩子溝通，可以說：「你可以在媽媽看得到你的地方玩，你也要待在可以看得到媽媽的地方。」甚至具體地指出媽媽可以看得到的範圍，例如在哪一棵樹的前面，或是哪張椅子前面，孩子才會具體地清楚明白父母的意思。

　　旅行中也會碰到很多日常生活中不會遇到的狀況，這個時候也必須要和孩子解釋和討論對許多事物的定義。以常見的例子來說，我們會和孩子說不要和不認識的人走，但甚麼是「認識的人」？你可以問孩子爺爺是不是認識的人、自己家的管理員是不是認識的人，樓上鄰居阿姨算不算認識的人？跟哪一個「認識的人」才算安全？這種討論也是孩子建構對於認識的人概念的一部分。

三、旅行結束：聊聊旅行回憶，增加親子對話

　　至於結束旅程後，從讓孩子自己整理行李，例如，決定帶回來的紀念品如何歸位，是三歲以上的孩子就可以嘗試做的事。旅行後親子互動對

話也很重要，可以花時間和孩子進行一次或多次的對談，可以看看照片，談旅行中的美好經驗、遇到的新鮮人事物，要記得每次討論時間不要太長，注意孩子的專注情況，若沒有想要繼續談就可以結束話題。

▶ 陳：怎麼幫助孩子面對陌生事物的調適？

王：孩子到陌生的地方遇到陌生的人事物，父母從孩子的反應，可以觀察出孩子是否對特定人事物比較敏感，此時，適度安撫孩子，可以告訴孩子這是甚麼狀況，可能這個情況常常出現，孩子就會逐步了解這個情況其實沒有危險，或許反應就會遞減。

在這個過程中，首先要建立一個觀念：孩子大哭的情緒反應並不失禮，特別是越小的孩子，哭只是他能用語言表達之前的一種反應，所以爸媽也不能因為孩子大哭而有過激的反應，這樣會讓孩子情緒反應更大。小小孩如果在公眾場合大哭，爸媽除了適時的安慰以外，也應該抱孩子離開現場，等情緒穩定了再回到現場。年紀稍大的孩子可以解釋為何要抱離開現場，讓孩子知道他打擾到別人了。我曾經看過有爸爸帶著在餐廳哭鬧完的大孩子一桌桌道歉，讓孩子知道他必須要面對的後果，也是可能處理的方式之一。至於是不是要用這種強度的方法則須視孩子的特質決定。

零到三歲的蒙特梭利教育強調的是自由與限制，讓孩子勇於嘗試不等於讓孩子放飛自我，蒙特梭利希望呈現給孩子一個相對真實的世界，但這個真實世界是由父母或教師預備好的環境，以保障孩子安全。

▶ 陳：如何讓親子旅行更美好？

王：親子旅行時也別忽視幼兒成長發展的需要，必須要有規律作息和正常飲食。因此，父母對親子旅行的心態應放在共同享受悠閒時光，旅行時配合孩子的速度，儘可能維持正常作息，了解孩子正在用感官認識世界，試著用孩子能理解的視角與孩子溝通，也要能理解因為生活環境的轉換，孩子情緒會不穩定，最後，不要焦慮，孩子會長成自己的樣子，不僅是旅行，只要任何時候都維持這樣的心態，親子之間的關係就可以更美好。

ACROSS系列 051

把拖油瓶養成小旅伴：0-6歲親子旅遊全攻略

作　　　者——陳彧馨
主　　　編——陳信宏
責任編輯——王瓊苹
責任企劃——吳美瑤
封面設計——行者創意
內頁設計——黃鳳君

編輯總監——蘇清霖
董 事 長——趙政岷
出 版 者——時報文化出版企業股份有限公司
　　　　　108019 臺北市和平西路三段 240 號 3 樓
　　　　　發行專線—（02）2306-6842
　　　　　讀者服務專線—（0800）231-705・（02）2304-7103
　　　　　讀者服務傳真—（02）2304-6858
　　　　　郵撥—19344724 時報文化出版公司
　　　　　信箱—10899 臺北華江橋郵局第 99 信箱
時報悅讀網——http://www.readingtimes.com.tw
電子郵件信箱——newlife@readingtimes.com.tw
時報出版愛讀者——http://www.facebook.com/readingtimes.2
法律顧問——理律法律事務所　陳長文律師、李念祖律師
印　　　刷——詠豐印刷有限公司
初版一刷——2020 年 5 月 15 日
定　　　價——新臺幣 450 元

把拖油瓶養成小旅伴：0-6歲親子旅遊全攻略 /
陳彧馨著. -- 初版. -- 臺北市：時報文化, 2020.05
　面；　公分
ISBN 978-957-13-8119-0(平裝)

1.旅遊 2.親子 3.世界地理

719　　　　　　　　　　　　　　　　109002358

ISBN 978-957-13-8119-0
Printed in Taiwan